「五條御誓祭」絵図（聖徳記念絵画館所蔵）
京都御所の紫宸殿に仮設の祭場へ出御された明治天皇（右）と「五箇条の御誓文」を奉読する三条実美。その後方に、列座する文武高官たちが、神前で署名する筆と硯も描かれている。

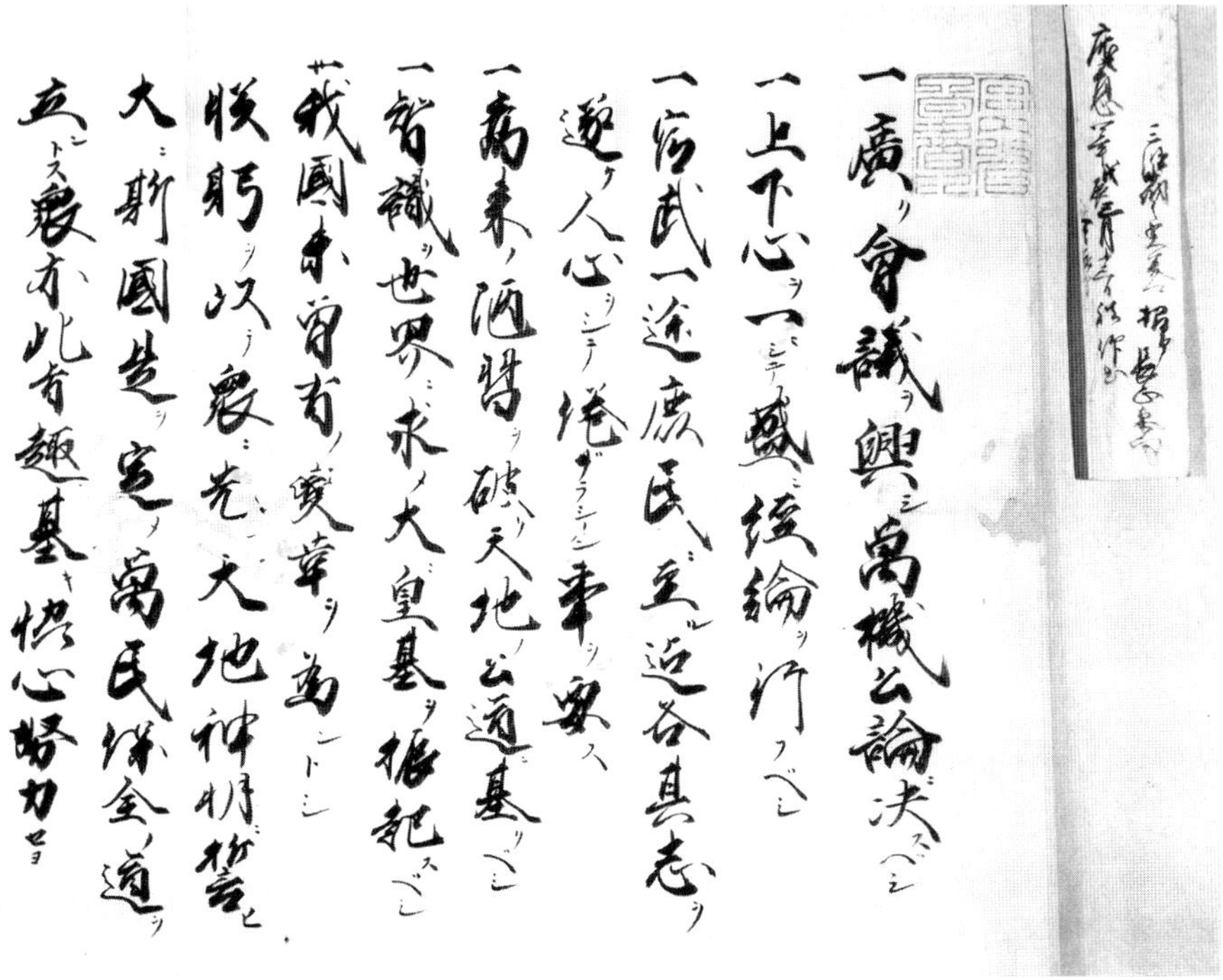

一廣ク會議ヲ興シ萬機公論ニ決スヘシ
一上下心ヲ一ニシテ盛ニ經綸ヲ行フヘシ
一官武一途庶民ニ至ル迄各其志ヲ遂ケ人心ヲシテ倦マサラシメン事ヲ要ス
一舊來ノ陋習ヲ破リ天地ノ公道ニ基クヘシ
一智識ヲ世界ニ求メ大ニ皇基ヲ振起スヘシ
我國未曾有ノ變革ヲ爲ントシ朕躬ヲ以テ衆ニ先ンシ天地神明ニ誓ヒ大ニ斯國是ヲ定メ萬民保全ノ道ヲ立ントス衆亦此旨趣ニ基キ協心努力セヨ

「五箇條御誓文」有栖川宮幟仁親王筆（宮内庁宮内公文書館所蔵）

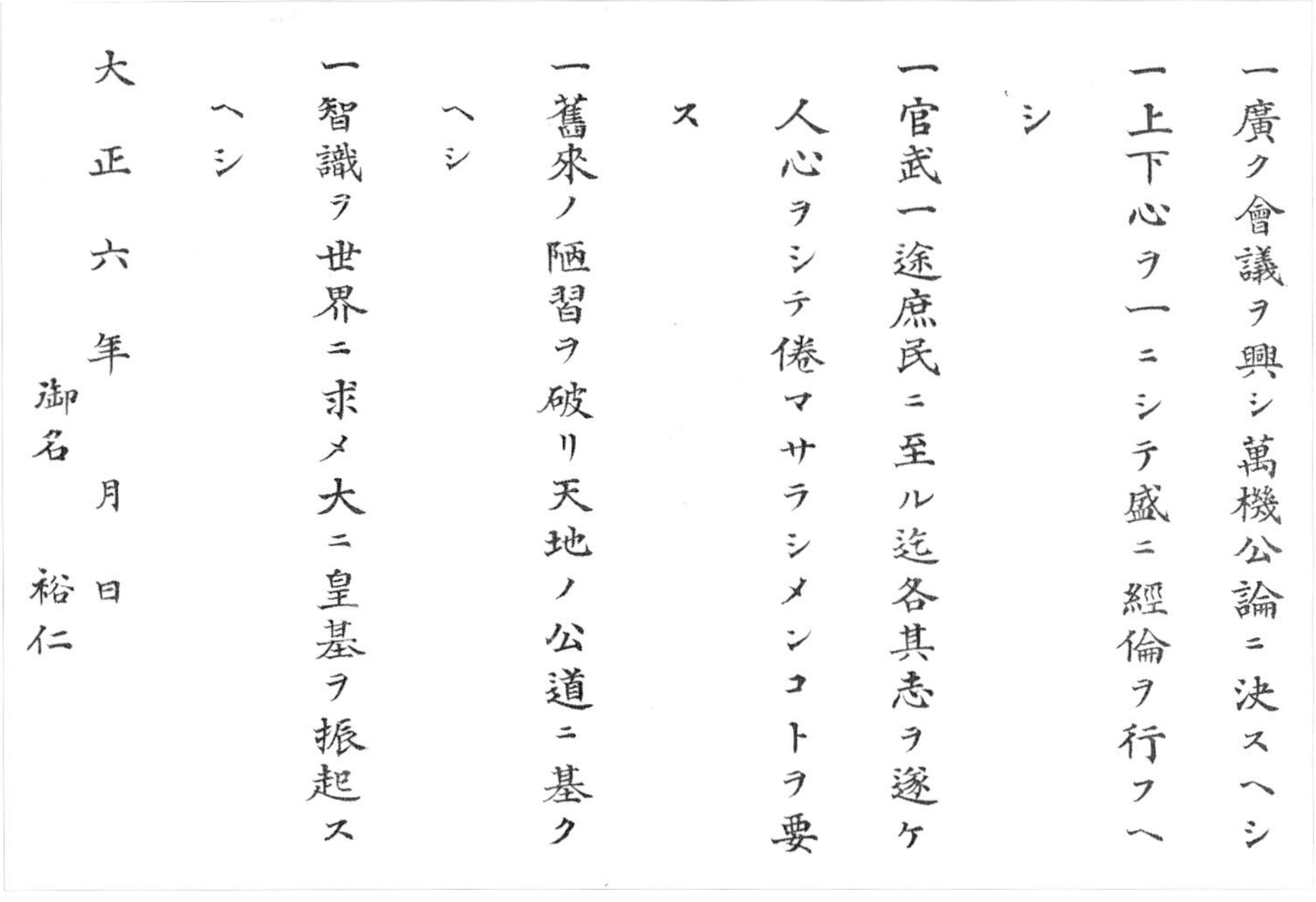

一廣ク會議ヲ興シ萬機公論ニ決スヘシ
一上下心ヲ一ニシテ盛ニ經綸ヲ行フヘシ
一官武一途庶民ニ至ル迄各其志ヲ遂ケ人心ヲシテ倦マサラシメンコトヲ要ス
一舊來ノ陋習ヲ破リ天地ノ公道ニ基クヘシ
一智識ヲ世界ニ求メ大ニ皇基ヲ振起スヘシ
大正六年　月　日
御名　裕仁

皇太子裕仁親王が大正６年（16歳）東宮御学問所で学ばれた「五箇条の御誓文」のお習字手本

「五箇条の御誓文」関係資料集成

所　功　編著

目次

図版の目次と典拠

口絵1頁　「五條御誓祭」絵図（聖徳記念絵画館所蔵）同館図録より
口絵2頁上　「五箇條の御誓文」有栖川宮幟仁親王筆（宮内庁宮内公文書館所蔵）
口絵2頁下　皇太子裕仁親王の習字お手本（東宮御学問所の御学友永積寅彦氏旧蔵複写）
5頁　明治天皇の御写真（宮内庁所蔵）明治神宮文化館図録より
8頁　明治天皇の宸翰「御誓約之勅書」（国立公文書館所蔵『公文録』より）
18頁　「五箇條の御誓文」（上）「五條御誓約奉対書」（下）（宮内庁宮内公文書館所蔵『五条御誓約奉対書写真』より）
19頁　五条御誓約署名の冒頭部分（同前）
31～112頁　「五條御誓約」署名と『明治十二年明治天皇御下命「人物写真帖」』（宮内庁三の丸尚蔵館、平成27年展示図録より）
134頁　『御誓文大意』（上）『御宸翰大意』（下）（文部省図書館旧蔵。国立国会図書館デジタルライブラリーより）
136頁　金子堅太郎伯爵（国立国会図書館デジタルライブラリー「近代日本人の肖像」より）
137頁　由利公正子爵（福井市立郷土歴史博物館所蔵）
138頁　「議事之体大意」由利公正筆（福井県立図書館所蔵）
141頁　横井小楠（国立国会図書館デジタルライブラリー「近代日本人の肖像」より）
144頁　福岡孝弟子爵（同前より）
149頁　木戸孝允侯爵（同前より）
160頁　筧克彦博士（坪内隆彦氏ホームページより）
162頁　杉浦重剛（猪狩又蔵編『倫理御進講草案』より）
170頁　「新日本建設に関する詔書」（国立公文書館所蔵）
176頁　平泉澄博士（田中卓編『平泉博士史論抄』口絵より）
181頁　近衛文麿公爵（国立国会図書館デジタルライブラリー「近代日本人の肖像」より）

まえがき――「五箇条の御誓文」に学ぶ手懸り

所 功

今年（平成三十年＝ＡＤ二〇一八）は、「明治」改元（一八六八）から満百五十年にあたる。それを「明治維新百五十年」とも称して、いろいろな記念の催しが行われている。

では、そもそも「明治維新」（御一新）とは何であったかを考え直してみると、さまざまの動きや流れがあり、それぞれに意味をもっている。けれども、その原点であり中核とみられるものを一つあげるとすれば、「五箇条の御誓文」にほかならない。極言するならば、現在のような日本がありうるのは、明治天皇のもとで君民一体となって「五箇条の国是」を懸命に実行する誓いを立て、その実現に官民とも努力してきたからではないか、と私には思われる。

そこで、この御誓文について、より深く広く学び考える手懸りとなる重要な史料・基本文献を集成して、単に専門家だけでなく一般の方々にも御覧いただけるような書籍にして、世の中に送り出せないかと考えついたのである。

このような企画は、近現代史の研究者がされたらよいのではないかと思い、数名の知友に勧めてみたが、誰も他にやるべき仕事が多いのか、乗り気になる人がいない。それならば、門外漢の私でもやるほかない、と意を決し、本務の合間に取り組んだものであることを御諒解賜りたい。

従って、基本的な史資料の調査・収集もその翻刻・解説も、不十分で不適切な点があると自覚している。もし補訂すべき点などに気づかれたら、ぜひご指摘ご示教いただきたい。

平成三十年（二〇一八）四月十日

関係資料

一　宮内庁編『明治天皇紀』抄

※これは、宮内庁編『明治天皇記』刊本第一（昭和四十三年、吉川弘文館）の慶応四年（明治元年）三月十四日条の抄録である。

明治６年（1873）撮影の明治天皇（数え22歳）御写真（宮内庁所蔵）

天皇、紫宸殿に御し、公卿・諸侯以下百官を率ゐて、親ら天神地祇を祀り、国是五箇条を誓ひたまふ。其の儀、神座を同殿母屋に東面に設け、公卿・諸侯は母屋に、殿上人は南廂に、徴士等は東廂に著座す。皆衣冠を著く。次いで塩水・散米の行事あり。次に神祇事務局督白川資訓、降神の神歌を奏す。次に献饌の事ありて後、天皇引直衣を著け、副総裁三条実美・同岩倉具視・輔弼中山忠能・同正親町三条実愛等を随へて出御、玉座に著御あらせらる。時に申の刻なり。玉座は南面にして右に斜に神座に向ひ、平敷にして囲むに四季屏風を以てす。乃ち実美をして祭文を奏せしめたまふ。其の文に曰く、

懸くも恐き／天神地祇の大前に今年三月十四日を生日の足日と択び定めて、祢宜申さく、今より天津神の御言寄せの随に、天下の大政を執り行はむとして、親王・卿臣・国々の諸侯・百寮の官人を引き居り連ねて、此の神床の大前に誓ひつらくは、近き頃ほひ、邪者の是所彼所に荒び武びて、天下佐夜藝《さやぎ》に佐夜藝、人の心も平穏ならず、故に是以て、天下の諸人等の力を合せ、心を一つにして、／皇が政を輔翼奉り仕へしめ奉り給へと、請ひ祈み申す礼代は、横山の如く置き高成て奉る形を聞し食して、天下の万民を治め給ひ育み給ひ、谷蟆《たにぐく》の狭渡る極み、白雲の墮ち居り向か伏す限り、逆敵対者は在らしめ給はず、／遠祖の尊の恩頼を蒙りて、無窮に仕へ奉れる人共の、今日の誓約に違はむ者は、天神地祇の倏、忽に刑罰給はむ物ぞと、／皇神等の前に誓の吉詞を申し給はくと申す。

（三条）実美、之れを奏し畢るや、天皇、御拝の軾に進御、御拝あり、親しく幣帛の玉串を供したまふ。次に実美、勅を奉じて左の御誓文を捧読す。

一　広く会議を興し、万機公論に決すべし。

一　上下心を一にして、盛に経綸を行ふべし。

一　官武一途庶民に至る迄各〻其志を遂げ、人心をして倦ざらしめん事を要す。

一　旧来の陋習を破り、天地の公道に基くべし。

一　智識を世界に求め、大に皇基を振起すべし。

我国未曾有の変革を為んとし、／朕躬を以て衆に先じ、天地神明に誓ひ、大に斯国是を定め、万民保全の道を立んとす。衆亦此旨趣に基き、協心努力せよ。

公卿・諸侯等、皆聖旨を奉体して奉対誓約の書に署名す。其の文に曰く、

勅意宏遠、誠以て感銘に堪へず。今日の急務、永世の基礎、此他に出づべからず。臣等謹て叡旨を奉戴し、死を誓ひ黽勉《びんべん》従事、冀くは以て　宸襟を安じ奉らん。

乃ち実美以下、位官の序に従ひ、一人づつ中央の座に進みて、先づ神位を拝し、次に玉座を拝し、而して後筆を執り名を署す。議定の署名畢るや、入御あらせらる。実美以下扈従、出御の時の如し。諸臣の署名畢りて撤饌。次に昇神、神歌の奏あり。戊の刻、儀全く訖り、群臣退出す。

尚、当日出仕せざる者は、逐日参内して署名す。前後署名する者合せて七百六十七人にして、今七巻に装幀せらる。

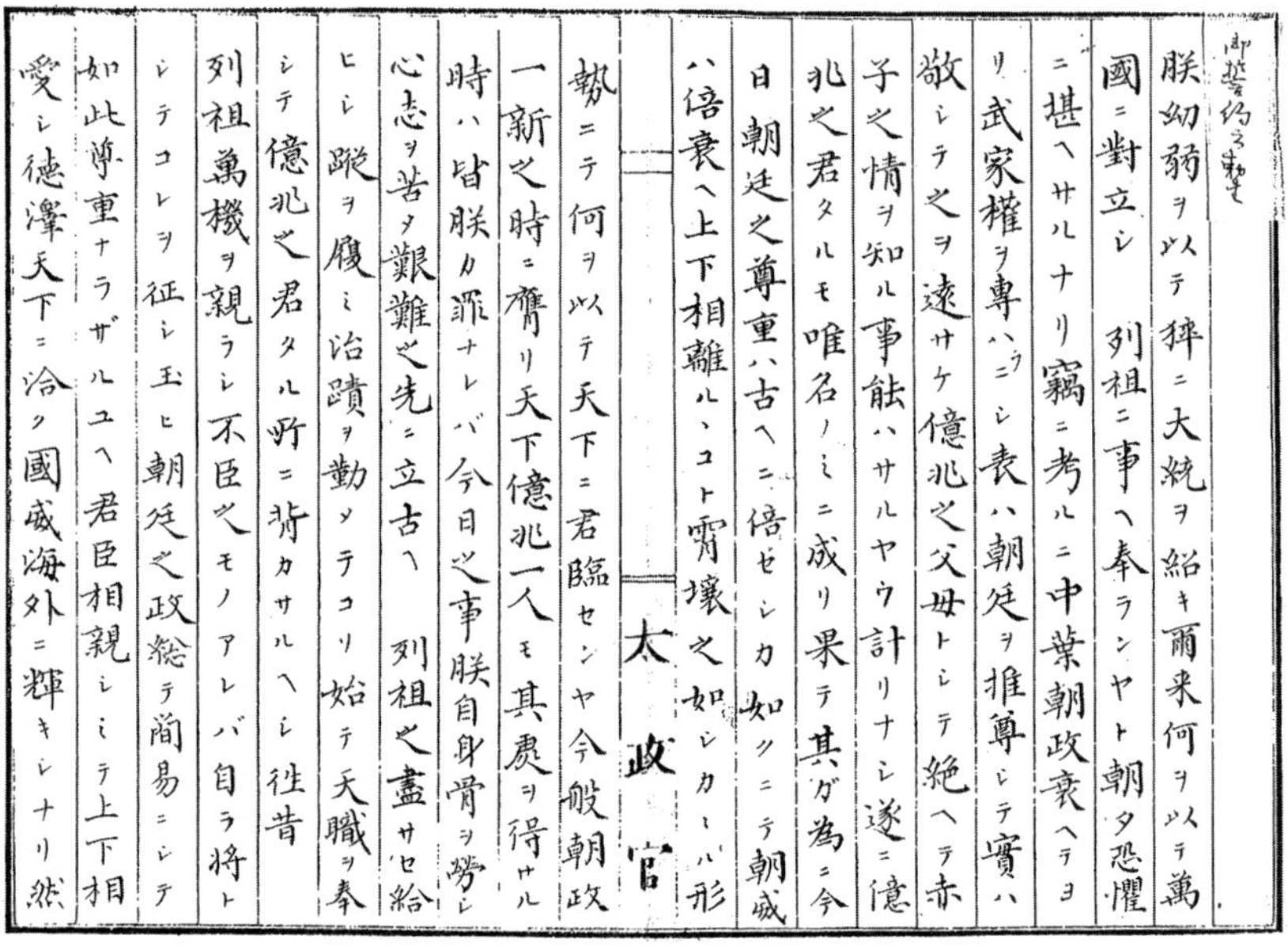

御誓約之勅書
朕幼弱ヲ以テ猝ニ大統ヲ紹キ爾来何ヲ以テ萬國ニ對立シ　列祖ニ事ヘ奉ランヤト朝夕恐懼ニ堪ヘサルナリ竊ニ考ルニ中葉朝政衰ヘテヨリ武家權ヲ專ニシ表ハ朝廷ヲ推尊シテ實ハ敬シテ之ヲ遠ケ億兆之父母トシテ絶ヘテ赤子之情ヲ知ル事能ハサルヤウ計リナシ遂ニ億兆之君タルモ唯名ノミニ成リ果テ其ガ為ニ今日朝廷之尊重ハ古ヘニ倍セシカ如クニテ朝威ハ倍衰ヘ上下相離ルヽコト霄壌之如シカヽル形

太政官

勢ニテ何ヲ以テ天下ニ君臨センヤ今般朝政一新之時ニ膺リ天下億兆一人モ其處ヲ得サル時ハ皆朕カ罪ナレハ今日之事朕自身骨ヲ勞シ心志ヲ苦メ艱難之先ニ立古ヘ　列祖之盡サセ給ヒシ蹤ヲ履ミ治蹟ヲ勤メテコソ始テ天職ヲ奉シテ億兆之君タル所ニ背カサルヘシ往昔
列祖萬機ヲ親ラシ不臣之モノアレハ自ラ將トシテコレヲ征シ玉ヒ朝廷之政総テ簡易ニシテ如此尊重ナラザルユヘ君臣相親シミテ上下相愛シ徳澤天下ニ洽ク國威海外ニ輝キシナリ然

明治天皇の宸翰「告諭書」＝「御誓約之勅書」（国立公文書館所蔵『公文録』）

是の日、列祖の洪業を紹述し、億兆を安撫し、国威を海外に発揚する旨を　宸翰を以て告諭したまふ。其の文、左の如し。

朕、幼弱を以て猝《にわか》に大統を紹ぎ、爾来何を以て万国に対立し／列祖に事へ奉らんやと、朝夕恐懼に堪ざる也。竊《ひそか》に考るに、中葉／朝政衰てより武家権を専にし、表は／朝廷を推尊して実は敬して是を遠け、億兆の父母として絶て赤子の情を知ること能ざるやふ計りなし、遂に億兆の君たるも唯名のみに成り果て、其が為に今日／朝廷の尊重は古へに倍せしが如くにて、朝威は倍〻衰へ、上下相離るゝこと霄壌の如し。かゝる形勢にて、何を以て天下に君臨せんや。

今般、／朝政一新の時に膺り、天下億兆一人も其處を得ざる時は、皆／朕が罪なれば、今日の事、／朕自身、骨を労し心志を苦め、艱難の先に立ち、古／列祖の尽させ給ひし蹤を履み、治蹟を勤めてこそ、始て／天職を奉じて億兆の君たる所に背かざるべし。

往昔／列祖、萬機を親らし、不臣のものあれば自ら将としてこれを征し玉ひ、／朝廷の政総て簡易にして、此の如く尊重ならざるゆへ、君臣相親しみて上下相愛し、徳沢天下に洽く、国威海外に輝きしなり。然るに近来、宇内大に開け、各国四方に相雄飛するの時に当り、独我国のみ世界の形勢にうとく、旧習を固守し一新の效をはからず、／朕徒らに九重中に安居し、一日の安きを偸み、百年の憂を忘るゝときは、遂に各国の凌侮を受け、上は／列聖を辱しめ奉り、下は億兆を苦しめん事を恐る。

故に／朕、こゝに百官・諸侯と広く相誓ひ、／列祖の御偉業を継述し、一身の艱難辛苦を問ず、親ら四方を経営し、汝億兆を安撫し、遂には万里の波涛を開拓し、国威を四方に宣布し、天下を富岳の安きに置んことを欲す。汝億兆、旧来の陋習に慣れ、尊重のみを／朝廷の事となし、／神州の危急をしらず、／朕一たび足を挙れば非常に驚き、種々の疑惑を生じ、萬口紛紜として、／朕が志をなさゞらしむる時は、是／朕をして君たる道を失はしむるのみならず、従て／列祖の天下を失はしむる也。

汝億兆、能々／朕が志を体認し、相率て私見を去り公義を採り、／朕が業を助て／神州を保全し、列聖の神霊を慰め奉らしめば、生前の幸甚ならん。

総裁・輔弼、之れに副書して曰く、

右、御宸翰之通、広く天下億兆蒼生を／思食させ給ふ深き／御仁恵の　御趣意に付、末々の者に至る迄敬承し奉り、心得違之無く、／国家の為に精々其分を尽すべき事。

乃ち、五箇条御誓文は、告諭書と共に、天下に布告せらる。

〈付　記〉

『明治天皇紀』の前身は、大正三年（一九一四）十一月、宮内省に「臨時（帝室）編修局」を設けて関係資料を収集し、二十年近く費して、稿本（本紀二五〇巻・絵図一巻）が仕上げられ、それを縮約した「明治天皇御記」が昭和十四年（一九三九）までに完成している。

それが戦後二十年ほど経ってから、「明治百年」を記念して刊行されることになり、宮内庁（書陵部）で再検討の上、昭和四十三年（一九六八）から十年近くかけて全十二巻（他に索引一巻）が吉川弘文館より出版された（明治神宮監修『明治天皇紀附図』は平成二十四年刊）。詳しくは堀口修氏「『明治天皇紀』編纂と近現代の歴史学」（『明治聖徳記念学会紀要』復刊第四三号、平成十八年）など参照。

当該の慶応四年三月十四日条（刊本第一）は、前掲部分（六四七〜六五二頁）の後（六五二〜六五四頁）に「御誓文」の成立事情を次のように記し、末尾に割注で出典を示している。

是れより先、慶應三年十月、将軍徳川慶喜、大政を奉還して王政古に復すと雖も、施政の大方針に関しては、天下未だ知る所あらず。同年十二月、福井藩士三岡八郎（由利公正）、参与として朝政に参画するや、一日、議定岩倉具視を見て、王政維新の方針を確立し、之れを天下に公布すべきを進言す。具視、其の議を容れ、之れを廟議に諮らんと答ふ。八郎乃ち政治の要綱を草して具視に提出せんとし、題して「議事之体大意」と名づく。即ち、

一　庶民志を遂げ、人心をして倦まざらしむるを欲す。
一　士民心を一にし、盛に経綸を行ふを要す。
一　知識を世界に求め、広く／皇基を振起すべし。
一　貢士期限を以て賢才に譲るべし。
一　万機公論に決し、私に論ずるなかれ。

諸侯会盟之御趣意、右等の筋に仰せ出さるべきか。

と記す。八郎、太政官に出仕し、之れを参与福岡藤次（孝弟）に示して、其の意見を問ひ、互に討究したる後、左の如く修正す。

会盟

一　列侯会議を興し、万機公論に決すべし。
一　官武一途庶民に至る迄各々其志を遂げ、人心をして倦まざらしむるを欲す。
一　上下心を一にし、盛に経綸を行ふべし。
一　智識を世界に求め、大に／皇基を振起すべし。
一　徴士期限を以て賢才に譲るべし。

二　「五条御誓約奉対書」関係史料

※これは、『モラロジー研究』第八一号（平成三十年六月）の拙稿（史料紹介）を一部修正して転載した。

〔解　説〕

本年（平成三十年）は、「明治」と改元されてから満百五十年目にあたる。しかも、それに先立って同年（慶応四年）三月十四日（新暦一八六八年四月六日）「五箇条の御誓文」が公表されたことは広く知られている。

しかし、その際、「国是五章《条》」の実行を「誓約」して署名した人々（公武を越えた「朝臣」）たちが数百名に及ぶことは、明治維新の研究者ですら十分に認識されていないようである。そこで、この「五条御誓約奉対書」の全容を、ここに史料紹介させて頂こう。

その原本は、京都御所の東山御文庫に所蔵される「御物」にて、直接拝見することが難しい。しかし、つとに「大正九年十月撮影」白黒写真帖（三分冊、天金装）が作られている（宮内庁宮内公文書館で一般閲覧可能）。また、東京大学史料編纂所の『大日本維新史料稿本』には、全文が同年月日に引用され、しかも同所のホームページに掲載されている。

従って、ここには全容を、少しわかりやすくして翻刻する。

まず『大日本維新史料稿本』では慶応四年三月十四日条に、「天皇、紫宸殿に御し、公卿・諸侯を率ゐて、天神地祇を祭り、国是五章を誓約し、公卿・諸侯をして、聖意を奉戴せしむ。〔爾後、朝参の諸侯・中下大夫、亦必ず誓約に就く。〕又詔して、洪業を紹述し、蒼生を安撫せんと欲するを告諭し、各々私見を去て公義に遵はしむ。」との綱文を掲げ、次のような史料①〜⑩を引いている（読み易くするため、漢文体は書き下し文とする。丸括弧内は私注）。

御誓祭当日関係史料

①（日付）明治元年三月十三日／（名称）**弁事達／諸藩宛**
（備考）十四日御誓約に付、諸侯に参内を命ず。
（写本）〔東京帝国大学所蔵〕
　別本、宮中日記所載／加藤明実家記

諸藩

明十四日　天神地祇御祭祀　御誓約在り為され候間、辰の半刻、遅々無く参　内　致すべき様、仰せ出され候事。
但、衣冠の着用、若し用意無き向は、直垂着用致すべし。尤も服者にても参　朝の事。

②（日付）明治元年三月十三日
（名称）**三条実美／岩倉具視書簡**／中山忠能宛
（備考）明十四日御誓約に付き、天神地祇を祭る式の次第書を示す。
（原本）侯爵中山孝麿所蔵
明十四日〔巳刻〕／御誓約　仰せ出され候。／右に付／天神地祇御祭／御拝、別紙の通り伺ひ定め候。仍て申し入れ候也。／三月十三日　　〔三条〕実美／〔岩倉〕具視／中山（忠能）殿

③（別紙）／**御誓祭式**
時剋、群臣着座〔南殿〕／東階より参進。〔公卿は母屋に北上西面／殿上人は庇に西上北面〕
次に塩水行事／次に散米行事／次に神祇伯着座／次に神於呂《かみおろ》志《し》の神歌。／次に献供。／出御／次に祝詞／御拝。／次に御書読み上げ。／次に**誓書の事**／**一人宛其の座に進み、先づ神前の方を拝し、又上の御座を拝し、而る後に加判。**／入御／次に撤供／次に神阿計《かみあげ》の神歌。／次に各退出。

④（日付）明治元年三月十四日／（名称）**総裁廻達／議定・参与等宛**。
（備考）五ヶ条御誓文及び勅諭に対する奉答文を廻覧に付し、其の同意を求む。
（写本）〔宮内省図書寮所蔵〕／中山忠能履歴資料四十所載。
今日／叡慮の御旨、仰出され候に付、〔臣等〕別紙の通り誓状を奉り候。**御同意に候へば、御加判有るべく候事**。／総裁
勅意宏遠、誠に以て感銘に堪へず。今日の急務、永世の基礎、此の他に出づ可らず。〔臣等〕謹みて／**叡旨を奉戴し、死を誓ひ、黽勉従事**、冀くは以て宸襟を安じ奉らん。
慶応四年三月十四日
総裁　加名／　議定　加名／　参与　加名／
公卿　加名／　殿上人　加名

⑤（日付）明治元年三月十四日
（名称）**紫宸殿誓約次第書**
（備考）紫宸殿に於て、天皇、天神地祇を祭り、公卿・諸侯、亦皆誓約を為すの次第を記す。／一人宛中央に進み、

先づ神位を拝し、而る後に執筆加名
云々とあり。
（刊本）〔維新史料編纂会所蔵〕／太政官日誌〔戊辰第五号〕
所載
三月十四日南殿に於て／天神地祇御誓祭、在り為され、公卿・諸侯会同就約の／次第、左の如し。
一、午の刻〔群臣着座〕／公卿・諸侯、〔母屋〕。殿上人、南廂。徴士、東廂。
一、塩水行事／神祇輔勤む〔吉田三位侍従〕
一、散米行事／神祇権判事勤む〔植松少将〕
一、神祇督着座〔白川三位〕
一、神於呂志の神歌／神祇督勤む。
一、献供／神祇督・同輔・同権判事、並列して拝送、同輔〔津和野侍従（亀井茲監）〕点検。
一、**天皇出御**。
一、御祭文読み上げ／総裁職勤む〔三条大納言（実美）〕
一、天皇御神拝／親しく幣帛の玉串を奉献したまふ。
一、御誓書読み上げ／総裁職勤む。
一、公卿・諸侯就約。／但し一人宛、中央に進み、先づ／神位を拝し／御座を拝し、而る後に執筆加名。
一、天皇入御。
一、撤供／拝送、初めの如し。
一、神阿計の神歌／神祇督勤む。
一、群臣退出。

⑥（日付）明治元年三月十四日／（名称）**御誓祭々文**
（備考）親王・公卿・諸侯、百官を率ゐて、天神地祇を祭り、国是を定め、誓て之を行はしむることを述ぶ。
〔維新史料編纂会所蔵〕／太政官日誌〔戊辰第五号〕
所載／宮中日記

御祭文之御写　※原文の振り仮名を平仮名に直す。

懸《かけま》くも恐《かしこ》き／天神地神《あまつかみくにつかみ》の大前《おほまへ》に、今年三月十四日《ことしやよひとをかあまりよかのひ》を生日《いくひ》の足日《たりひ》と択定《えらびさだめ》て称宜《ねぎ》申《まを》さく。今《いま》より天津神《あまつかみ》の御言寄《みことよさし》の随《まま》に天下《あめのした》の大政《おほきまつりこと》を執行《とりおこな》はむとして、親王卿臣國々《みこたちみつきみこともちくにぐに》の諸侯百寮《みこともちどもつかさつかさの》官人《ひとども》を引居連《ひきゐつらね》て此神床《このかみとこ》の大前《おほまへ》に誓《うけひ》つらくは、近《ちか》き頃《ころ》ほひ邪者《まがもの》の是所彼所《ここかしこ》の荒《あら》び武《たけ》びて天下《あめのした》佐夜藝《さやげ》に佐夜藝《さやぎ》人の心も平穏《おだひ》ならず、故是以天下《かれここをもてあめのした》の諸人等《もろひとども》の力を合せ心を一つにして／皇我政《すべらあがまつりごと》を輔翼《あななひまつ》り令仕奉《つかへまつらせ》給《たま》へと請祈申《こひのみまをす》禮代《ゐやしろ》は横山の如《ごと》置高成《たかなし》て奉《たてまつ》る形《かたち》を聞食て天下の万民《おほみたから》を治給《をさめたま》ひ育給《はぐみたま》ひ谷蟆《たにぐく》の狭渡《さわた》る極《きはみ》白雲の墮居《おりゐ》向伏限《むかふすかぎり》逆敵対者《さからひあだなすもの》は令在給《あらしめたま》はず／遠祖尊《とほつみおやのみこと》の恩頼《みたまのふゆ》を蒙《かうむ》りて無窮《とこしへ》に仕奉《つかへまつ》れる人共《ひとども》の今日《けふ》の誓約《うけひ》に違《たが》はむ者《もの》は、天神地祇の倐忽《たちまち》に刑罰給《つみなびたま》はむ物ぞと／皇神《すめがみ》等の前に誓《うけひ》の吉詞《よごと》申給《たま》はくと申。

⑦（日付）明治元年三月十四日
（名称）**五個条御誓文及び奉答書**

（備考）三月十四日御発布の五ヶ条御誓文、及び之に副ふ勅語、並びに総裁以下の奉答文

（刊本）〔維新史料編纂会所蔵〕／太政官日誌〔戊辰第五号〕所載／宮中日記

御誓文の御写

一、広く会議を興し、万機公論に決すべし。
一、上下心を一にして、盛んに経綸を行ふべし。
一、官武一途、庶民に至る迄、各々　其の志を遂げ、人心をして　倦まざらしめんことを要す。
一、旧来の陋習を破り、天地の公道に基くべし。
一、智識を世界に求め、大いに／皇基を振起すべし。

我が国、未曾有の変革を為さんとし／朕、躬を以て衆に先んじ、天地神明に誓ひ、大いに斯の国是を定め、万民保全の道を立んとす。／衆亦此の旨趣に基き、協心努力せよ。

年号月日　御諱

勅意宏遠、誠に以て感銘に堪へず。今日の急務、永世の基礎、此の他に出づべからず。臣等、謹みて／叡旨を奉戴し、死を誓ひ、黽勉従事、冀くは、以て／宸襟を安じ奉らん。

慶応四年戊辰三月／総裁　名印／公卿・諸侯　各名印

⑧（日付）明治元年三月十四日（名称）**御宸翰**

（備考）列祖の洪業を紹述し、億兆を安撫し、国威を宣布せんと欲するを以て、各々私見を去て公義に遵ふべき旨を諭されたるものなり。

（刊本）〔維新史料編纂会所蔵〕／太政官日誌〔戊辰第五号〕所載／宮中日記

御宸翰の御写

朕《ちん》、幼弱《ようじやく》を以《もつ》て猝《にはか》に大統《たいたう》を紹《つ》ぎ、尓来《いらい》何《なに》を以《もつ》て万国《ばんこく》に対亢《たいかう》し／列祖《れつそ》に事《つか》へ奉《たてまつ》らんやと、朝夕恐懼《てうせききやうく》に堪《たふ》ざる也《なり》。／竊《ひそか》に考《かんがふ》るに中葉《ちうよう》／朝政衰《てうせいおとろへ》てより武家《ぶけ》権《けん》を専《もつぱ》らにし、表《おもて》は／朝廷《てうてい》を推尊《すいそん》して実《じつ》は敬《けい》して是《これ》を遠《とおざ》け**億兆《おくてう》の父母《ふも》**として絶《たえ》て赤子《せきし》の情《こころ》を知《し》ること能《あたは》ざるやふ計《はか》りなし。遂《つひ》に**億兆《おくてう》の君《きみ》**たるも唯名《ただな》のみに成《な》り果《はて》、其《それ》が為《ため》に今日《こんにち》／朝廷《てうてい》の尊重《そんちよう》は古《いにし》へに倍《ばい》せしが如《ごと》くにて、朝威《てうゐ》は倍々衰《ますますおとろ》へ上下《じやうげ》相離《あいはな》るゝこと霄壌《しやうじやう》の如《ごと》し。かゝる形勢《けいせい》にて何《なに》を以《もつ》て天下《てんか》に君臨《くんりん》せんや。

今般《こんぱん》／朝政一新《てうせいいつしん》の時《とき》に膺《あた》り、**天下億兆一人《てんかおくてういちにん》も其處《そのところ》を得《え》ざる時《とき》は、皆《みな》／朕《ちん》が罪《つみ》**なれば今日の事《こと》／朕自《ちんみづから》身骨《しんこつ》を労《ろう》し心志《しんし》を苦《くるし》め艱難《かんなん》の先《さき》に立《たち》、古《いにしへ》／列祖《れつそ》の盡《つく》させ給《たま》ひし蹤《あと》を履《ふ》み治蹟《ちせき》を勤《つと》めてこそ始《はじめ》て／**天職《てんしき》を奉《ほう》じて億兆《おくてう》の君《きみ》たる所《ところ》**に背《そむ》かざるべし。往昔《おうせき》／列祖萬機《れつそばんき》を親《みずか》らし、不臣《ふしん》のことのあれば、自《みづか》ら将《しやう》としてこれを征《せい》し玉ふ。／朝廷《てうてい》の政《まつりごと》、總《すべ》て簡易《かんい》にして、如此尊重《かくのごとくそんちよう》ならざるゆへ、君臣相親《くんしんあいした》しみて上下《じやうげ》相愛《あいあい》し、徳澤天下《とくたくてんか》に洽《あまね》く、国威《こくゐ》海外《かいだい》に輝《かがや》きしなり。然《しか》るに、近来宇内大《きんらいうだいおほい》に開《ひら》け、各国四方《かくこくしほう》に相《あい》雄飛《ゆうひ》するの時に当《あた》り、独我邦《ひとりわがくに》のみ世界《せかい》の形勢《けいせい》にうとく、旧習を固守《こしゆ》し一新《いつしん》の效《しるし》をはからず。／朕《ちん》、徒《いたづ》らに九重中《ここのへうち》に安居《あんきよ》し、一《いち》

日《にち》の安《やす》きを偸《ぬす》み、百年《ひやくねん》の憂《うれひ》を忘《わす》る、ときにて、遂《つひ》に各国《かくこく》の凌侮《あなどり》を受《う》け、上《かみ》は／列聖《れつせい》を辱《はずか》しめ奉り、下《しも》は億兆《おくてう》を苦《くる》しめん事《こと》を恐《おそ》る故《ゆへ》に、／朕《われ》こゝに百官諸侯《ひやくはんしよこう》と広《ひろ》く相誓《あひちか》ひ、／列祖《れつそ》の御偉業《ごゐげう》を継述《けいじゆつ》し、一身《いつしん》の艱難辛苦《かんなんしんく》を問《とは》ず、親《みづか》ら四方《しはう》を経営《けいえい》し、汝億兆《なんぢおくてう》を安撫《あんぶ》し、遂《つひ》には万里《ばんり》の波涛《はたう》を拓開《たくかい》し、国威《こくゐ》を四方《しはう》に宣布《せんぷ》し、天《てん》下《か》を富岳《ふがく》の安《やす》きに置《おか》んことを欲《ほつ》す。汝億兆《なんぢおくてう》、旧来《きうらい》の陋習《ろうしう》に慣《な》れ、尊重《そんちよう》のみを／朝廷《てうてい》の事《こと》となし、／神州《しんしう》の危急《ききう》をしらず、／朕一《われひと》たび足《あし》を挙《あげ》れば非常《ひじやう》に驚《おどろ》き、種々《たねたね》の疑惑《ぎわく》を生《しやう》じ、萬口紛紜《ばんこうふんうん》として、／朕《ちん》が志《こころざし》をなさざらしむる時《とき》は、是《これ》／朕《われ》をして君《きみ》たる道《みち》を失《うしな》はしむるのみならず、従《したがふ》て／列祖《れつそ》の天下《てんか》を失《うしな》はしむる也《なり》。汝億兆能々《なんぢおくてうよくよく》／朕《われ》が志《こころざし》を躰認《たいにん》し、相率《あいひきい》て**私見《しけん》を去《さ》り公義《こうぎ》を採《と》り**、／**朕《われ》が業《ごう》を助《たすけ》て**、／**神州《しんしう》を保全《ほぜん》し**／列聖《れつせい》の神霊《しんれい》を慰《ゐ》し奉《たてまつ》らしめば、生前《しやうぜん》の幸甚《こうじん》ならん。

右《みぎ》／御宸翰之通《ごしんかんのとおり》、広《ひろ》く天下億兆蒼生《てんかおくてうさうせい》を／思食《おぼしめ》さらせ給《たま》ふ深《ふか》き／御仁恵《ごじんゑ》の　御趣意《ごしゆゐ》に付《つき》、末々《すへすへ》の者《もの》に至《いた》る迄《まで》、敬承《けいしやう》し奉り、心得違無之《こころえちがひこれなく》、／国家《こくか》の為《ため》に精々其《せいぜいその》の分《ぶん》を盡《つく》すべき事。

／三月／総裁／補弼

⑨(日付)明治元年三月十四日／(名称)**祭場略図**

(備考)御誓祭当日、南殿に於ける神壇・玉座・公卿・諸侯・百官の座位を示せる平面図なり(公卿列座とある内に諸侯も含まる)。

(写本)〔東京帝国大学所蔵〕／島津忠義家記所載

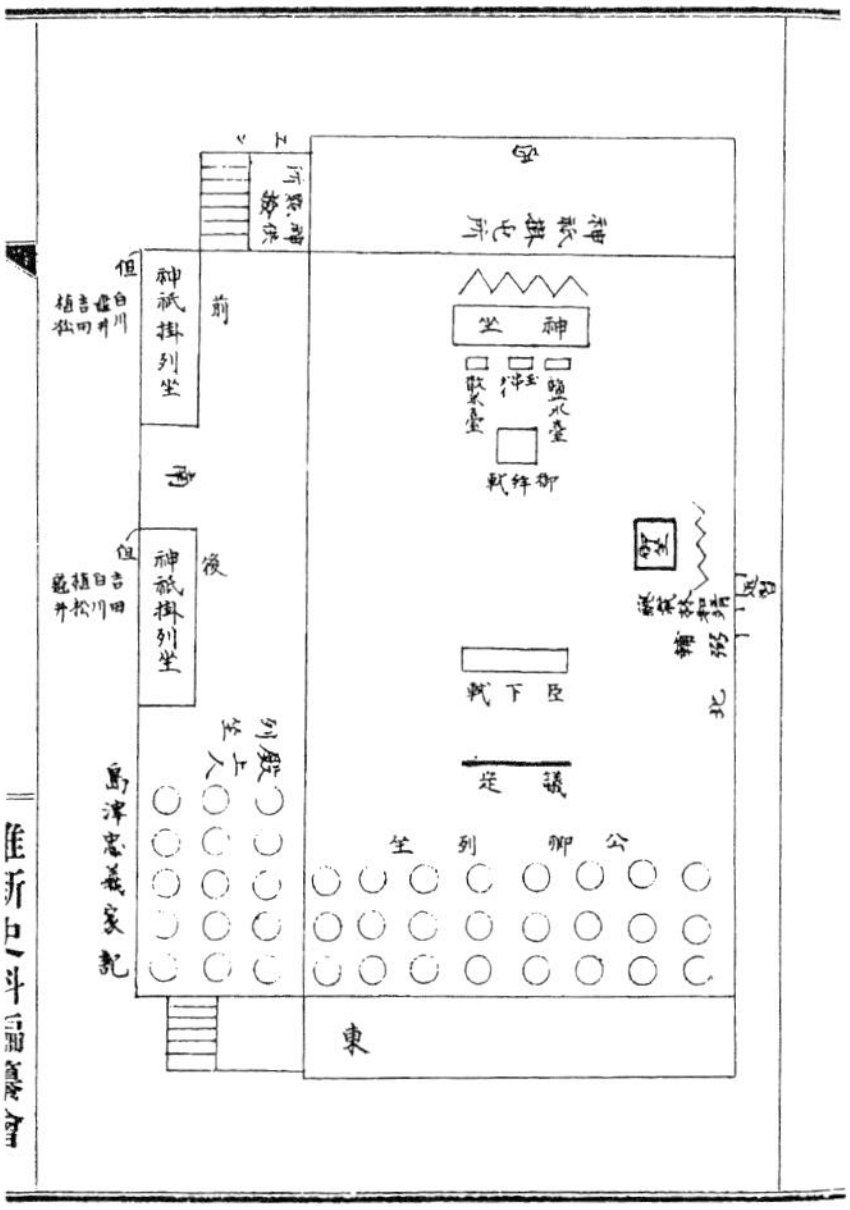

⑩(日付)明治元年三月十四日／四年五月四日

(名称)**公卿諸侯奉答書**(四通)

(備考)公卿・諸侯の奉答誓約せるもの四通を載す(**実名は総て自署**なり。**五百四十四**人の姓名を列記す。)

(写本)〔内閣文庫所蔵〕／宮内省記〔乾〕所載

勅意宏遠、誠に以て感銘に堪へず。今日の急務、永世の基礎、此の他に出づ可らず。〔臣等〕謹みて／**叡旨を奉戴し**、**死を誓ひ**、**黽勉従事**、冀《こいねがわ》くは以て／宸襟を安じ奉らん。

慶応四年三月十四日

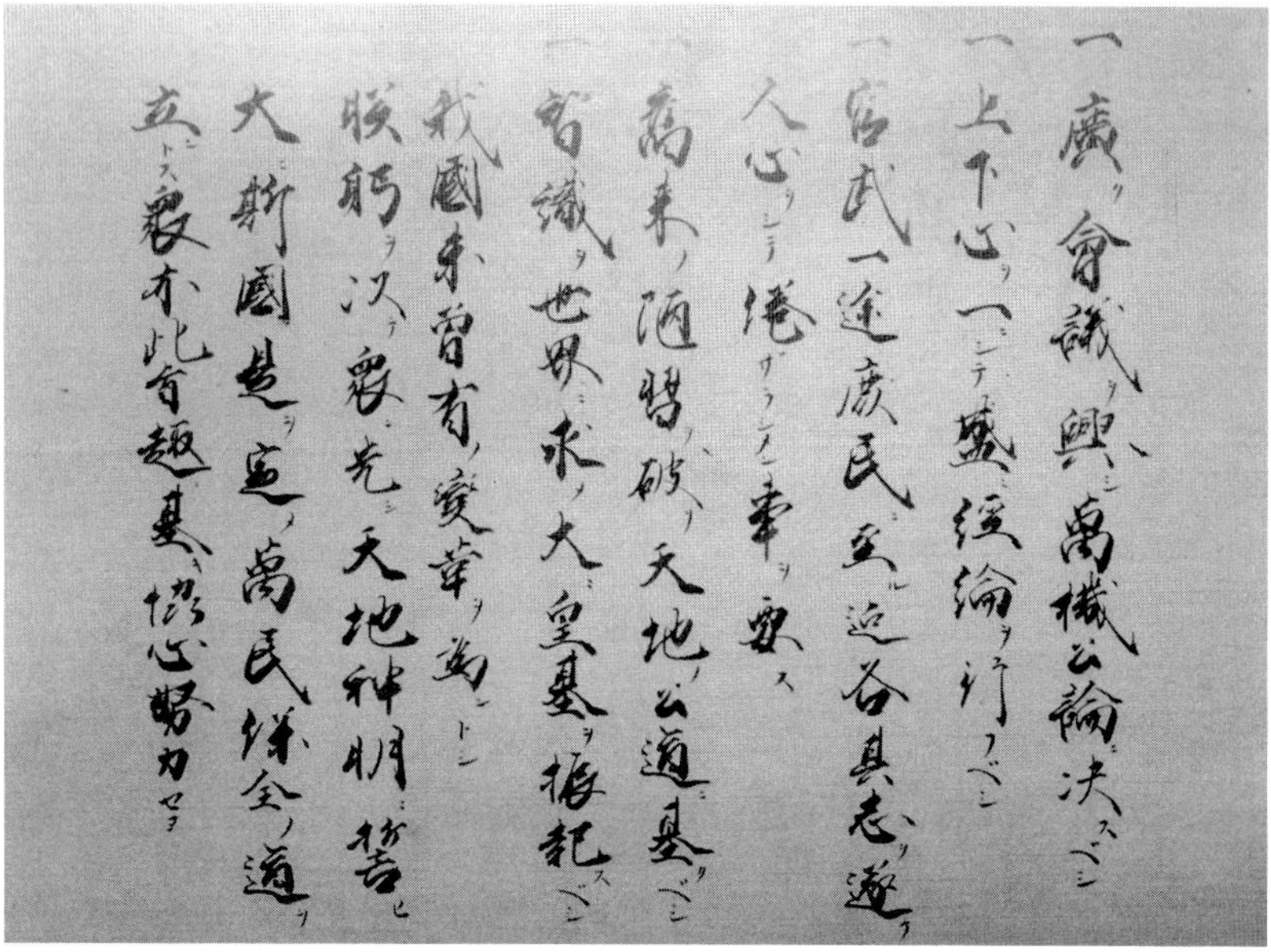
一廣ク會議ヲ興シ萬機公論ニ決スヘシ
一上下心ヲ一ニシテ盛ニ經綸ヲ行フヘシ
一官武一途庶民ニ至ル迄各其志ヲ遂ケ
人心ヲシテ倦マサラシメン事ヲ要ス
一舊來ノ陋習ヲ破リ天地ノ公道ニ基クヘシ
一智識ヲ世界ニ求メ大ニ皇基ヲ振起スヘシ
我國未曾有ノ變革ヲ爲ントシ
朕躬ヲ以テ衆ニ先ンシ天地神明ニ誓ヒ
大ニ斯國是ヲ定メ萬民保全ノ道ヲ
立ントス衆亦此旨趣ニ基キ協心努力セヨ

有栖川宮幟仁親王筆「五箇条の御誓文」(『五条御誓約奉対書写真』宮内公文書館所蔵より)

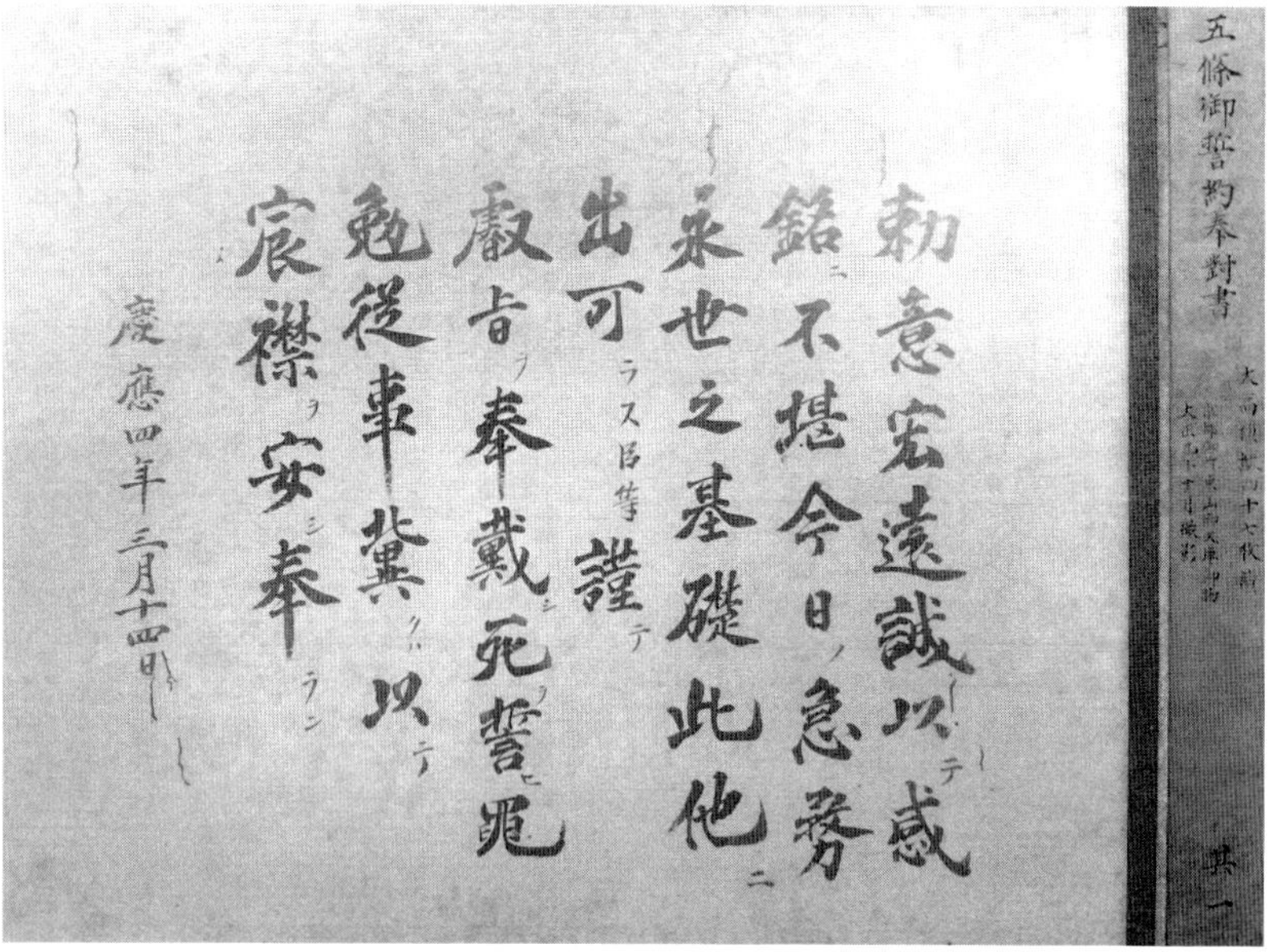
五條御誓約奉對書
勅意宏遠誠以テ感
銘ニ不堪今日ノ急務
永世之基礎此他ニ
出可ラス臣等謹テ
叡旨ヲ奉戴シ死ヲ誓ヒ黽
勉従事冀クハ以テ
宸襟ヲ安シ奉ラン
慶應四年三月十四日
其一

「五条御誓約奉対書」(同上所蔵)

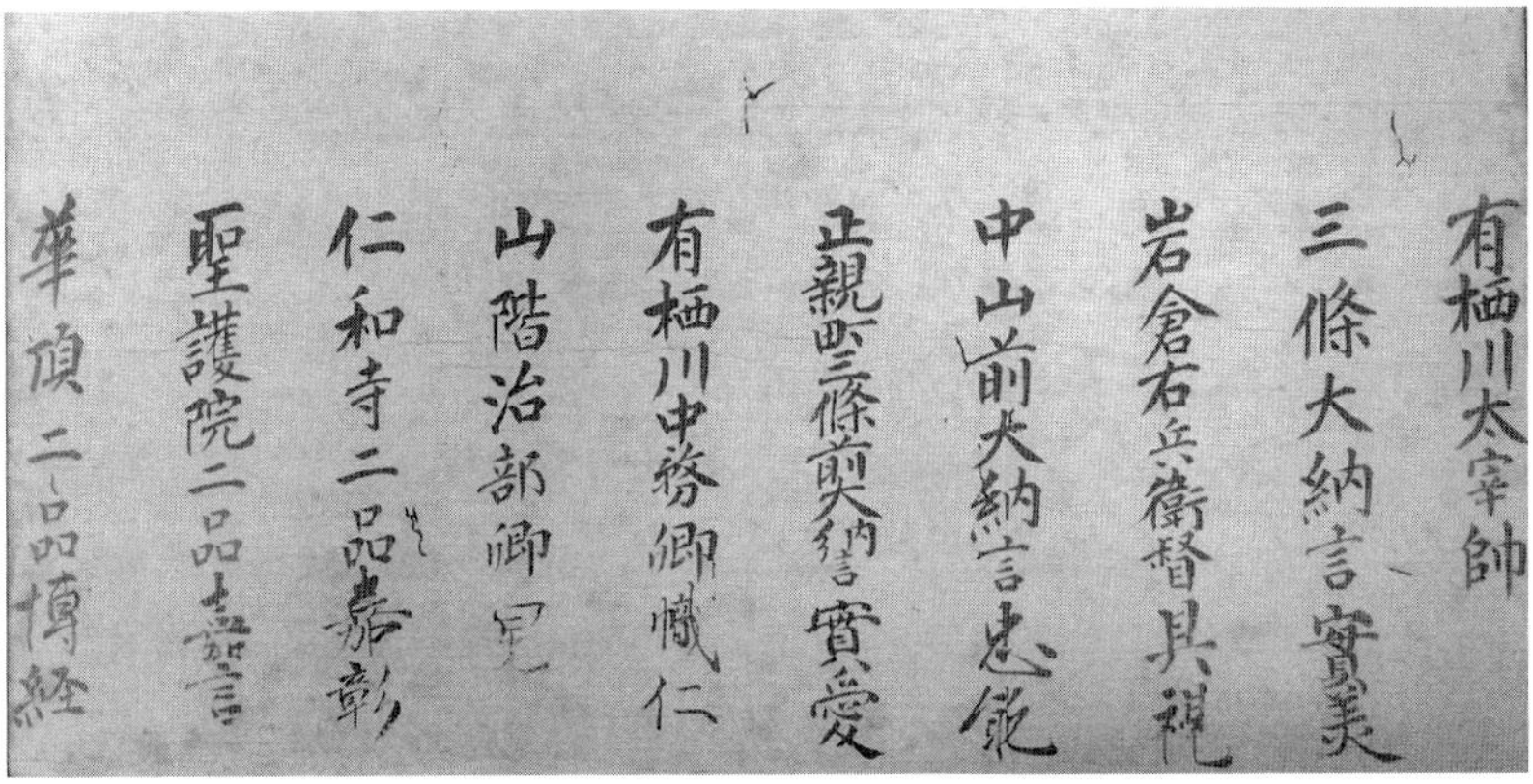
有栖川太宰帥
三條大納言實美
岩倉右兵衛督具視
中山前大納言忠能
正親町三條前大納言實愛
有栖川中務卿幟仁
山階治部卿晃
仁和寺二品嘉彰
聖護院二品嘉言
華頂二品博経

（有栖川宮熾仁《たるひと》親王　東征大総督　34）
（三條実美《さねとみ》　副総裁　32）
（岩倉具視《ともみ》　副総裁　44）
（中山忠能《ただやす》　輔弼　60）
（嵯峨実愛《さねなる》　議定　49）
（有栖川宮幟仁《たかひと》親王　議定　57）
（山階宮晃《あきら》親王　外国事務局督　53）
（仁和寺宮嘉彰《よしあきら》親王　兵部卿　23）
（聖護院宮嘉言《よしこと》親王　内国事務総督　48）
（華頂宮博経《ひろつね》親王　会計事務総督　18）

五条誓約署名の冒頭部分（宮内庁宮内公文書館所蔵写真より）

1有栖川太宰帥（※熾仁親王。出征中のため署名なし）
2三条大納言実美
3岩倉右兵衛督具視
4中山前大納言忠能
5正親町三条前大納言実愛
6有栖川中務卿幟仁
7山階治部卿晃
8仁和寺二品嘉彰
9聖護院二品嘉言
10華頂二品博経
11近衛新前左大臣忠房
12鷹司前右大臣輔凞
13徳大寺大納言実則
14中御門大納言経之
15萬里小路中納言博房
16長谷宰相信篤
17松平宰相慶永
18白川神祇伯資訓
19蜂須賀少将茂韶
20山内前少将
21伊達少将宗城（※上段に「（朱書）閏四月十日」と注記）
22鍋島前中将直正
23島津少将忠義
24毛利少将廣封
25亀井侍従茲監
26鍋島侍従直大
27浅野新少将茂勳
28細川侍従護久
29正親町大納言実徳
30醍醐大納言
31中院大納言通富
32橋本大納言実麗
33久我大納言通久
34三條西中納言季知
35大原宰相重徳
36西園寺三位中将公望
37堤右京大夫哲長
38吉田侍従三位良義
39東園中将基敬
40正親町中将公董
41東久世前少将

42植松少将雅言
44五條少納言為栄
46四條前侍従隆謌
48長谷美濃権介信成
50石山右兵衛権佐基正
52岩倉侍従具綱
54坊城侍従俊章
56愛宕大夫通旭
58秋月右京亮種樹
60長岡左京亮護美
62九條左大臣
64近衛前左大臣忠熈
66一條前右大臣
68久我前内大臣
70難波大納言宗弘
72日野前大納言資宗
74柳原前大納言光愛
76今城前大納言
78葉室前大納言長順
80愛宕中納言通祐
82前田中納言齊泰
84松平中納言茂承

／43橋本少将
／45壬生前修理権大夫基修
／47鷲尾侍従隆聚
／49平松甲斐権介時厚
／51烏丸侍従光徳
／53萬里小路右少弁通房
／55澤前主水正
／57五辻大夫安仲
／59戸田大和守忠至
／61伏見式部卿邦家
／63大炊御門右大臣家信
／65徳大寺前右大臣
／67廣幡内大臣忠禮
／69綾小路按察使有長
／71庭田大納言重胤
／73飛鳥井前大納言雅典
／75廣橋前大納言胤保
／77裏松前大納言
／79冷泉中納言
／81山科右衛門督言成
／83清水谷中納言公正
／85清閑寺中納言豊房

86六條前中納言有容
88八條前中納言隆祐
90西洞院宰相信堅
92今城宰相中将定國
94四辻宰相中将公賀
96竹屋前宰相光有
98七條前宰相
100藤井二位
102萩原二位員光
104六角三位
106倉橋大蔵卿泰聰
108清岡式部権大輔長凞
110岩倉三位具慶
112澤三位
114慈光寺三位
116平松三位
118唐橋式部大輔
120山井三位氏暉
122池尻宮内卿胤房
124錦織刑部卿久隆
126北小路左京権大夫隨光
128慈光寺太宰大弐有仲

／87野宮前中納言定功
／89三室戸宰相陳光
／91阿野宰相中将公誠
／93梅渓宰相中将通善
／95町尻前宰相量輔
／97久世前宰相通凞
／99藤波二位教忠
／101五辻二位高仲
／103梅園前右兵衛督
／105豊岡前大蔵卿隨資
／107吉田三位
／109石井左衛門督
／111三室戸三位雄光
／113西四辻三位
／115伏原三位
／117石野三位基安
／119堀川三位親賀
／121高松三位保実
／123土御門民部卿晴雄
／125藤井三位行道
／127交野左京大夫時萬
／129舟橋侍従三位康賢

130梅園三位**実紀**　／131堀川新三位**康隆**
132清岡三位**長説**　／133高野三位**保美**
134穂波三位　／135高倉三位
136樋口三位**静康**　／137倉橋三位**泰顕**
138山科内蔵頭**言縄**　／139飛鳥井侍従三位**雅望**
140甘露寺頭弁**勝長**　／141油小路中将**隆晃**
142櫛笥中将**隆韶**　／143中山前中将**忠愛**
144滋野井中将**実在**　／145松本中将**宗有**
146押小路遠江権介　／147武者小路少将**公香**
148西大路少将　／149三條西少将**公允**
150石山中将**基文**　／151千種前少将**有文**
152小倉中将**輔季**　／153難波中将**宗禮**
154愛宕中将**通致**　／155町尻少将**量衡**
156高丘兵部大輔**紀季**　／157高野少将**保建**
158大炊御門少将**師前**　／159六角大蔵大輔**博通**
160醍醐少将　／161石野治部大輔**基佑**
162園中将**基祥**　／163裏辻前中将**公愛**
164園池少将**公静**　／165高辻少納言**修長**
166中園左馬権頭　／167清水谷侍従**公考**
168滋野井侍従**公壽**　／169小倉侍従**長季**
170庭田侍従**重正**　／171山本少将**実政**
172六條少将**有義**　／173水無瀬少将
174坊城頭弁**俊政**　／175松平中将**慶倫**
176大原前侍従**俊実**　／177富小路前中務大輔**敬直**
178七條備中権介**信祖**　／179山井勘解由次官**氏胤**
180梅渓侍従**通治**　／181竹内右馬頭**惟賢**
182千種侍従**有任**　／183慈光寺大膳権大夫**右仲**
184外山宮内大輔**光輔**　／185油小路侍従**隆董**
186綾小路少将**有良**　／187唐橋大内記**在綱**
188三室戸左兵衛佐**和光**　／189豊岡中務権大輔**健資**
190松平少将**定安**　／191伏原少納言**宣足**
192有馬中将**慶頼**　／193風早大和権介**公紀**
194中園近江権介**実受**　／195萩原右衛門佐**員種**
196冷泉侍従**為紀**　／197東坊城大学頭**任長**
198錦織中務大輔**教久**　／199堤右兵衛佐**功長**
200押小路弾正少弼**公亮**　／201松木侍従**宗順**
202藤波伊勢権守**言忠**　／203黒田少将**長知**
204藤堂少将**高潔**　／205有馬遠江守**道純**
206青山左京大夫**忠敏**　／207勘解由小路権右中弁**資生**
208勧修寺右衛門権佐**経理**　／209葉室左少弁**長邦**
210竹屋左衛門佐**光昭**　／211西大路大夫**隆修**
212梅園大夫**実静**　／213四條大夫
214西洞院大夫**信愛**　／215藪大夫**実方**
216冷泉大夫**為柔**　／217清閑寺侍従**盛房**

218 廣橋侍従胤光／219 柳原侍従
220 勘解由小路出雲権介光尚／221 花園大夫実延
222 東園大夫基愛／223 梅小路讃岐権守定明
224 藤谷越前権介為遂／225 澤主水正宣種
226 大原左馬頭重朝／227 甘露寺大夫義長
228 中御門大夫経明／229 阿野侍従実允
230 植松右京権大夫雅徳／231 石井民部大輔行知
232 河鰭大夫／233 難波大夫宗明
234 清岡大膳大夫長延／235 裏松中務権少輔良光
236 桑原大夫輔長／237 武者小路大夫実世
238 橋本大夫実陳／239 岡崎修理権大夫
240 三室戸大夫治光／241 石野大夫基将
242 慈光寺大和権守和仲／243 八條近江権守隆吉
244 岩倉大夫具定／245 植松大夫雅平
246 東久世大夫／247 唐橋大夫在正
248 日野西越後権介光善／249 松浦肥前守詮
250 京極佐渡守朗徹／251 九鬼大隅守隆備
252 北條相模守氏恭／253 櫛笥大夫隆義
254 錦小路丹波権介頼言／255 倉橋因幡権介泰清
256 毛利伊勢守高謙
257 安藤飛騨守直裕（※上段に「（朱書）三月十四日」と注記）
258 仙石讃岐守久利／259 中川修理大夫久昭
260 市橋下総守長義／261 牧野豊前守
262 木下備中守利恭／263 京極飛騨守高厚
264 森対馬守俊滋（上段に「（朱書）三月十四日」と注記。272・277・279・280・281および288・289・290も「三月十四日」と注記）
265 池田信濃守政詮／266 水野大炊頭忠幹
267 能見但馬守親貴／268 京極下総守高典
269 松平佐渡守直巳／270 伊東播磨守長壽
271 松平主計頭直哉／272 朽木近江守為綱
273 池田相模守徳定／274 小出伊勢守英尚
275 藤堂佐渡守高邦／276 加藤遠江守泰秋
277 加藤能登守明実／278 織田出雲守信親
279 土井淡路守利教／280 松平図書頭信正
281 池田摂津守徳澄／282 北小路極﨟大江俊昌
283 細川差次蔵人源常典／284 壬生禰蔵人小槻明麗
285 藤島新蔵人藤原助順
286 徳川元千代徳成（※「五月九日」と注記。302・303・361～368も）
287 織田冨久之助信敏／288 森帯刀忠儀
289 土方聟千代雄永／290 青木源五郎重義
291 一柳弦次郎頼明（※上段に「三月十五日」と注記）
292 堀三之丞親広（※「三月十八日」と注記。293～299も）
293 井上河内守正直／294 本庄宮内少輔道美
295 相良遠江守頼基／296 板倉摂津守勝弘

297一柳対馬守末徳　／298本多平八郎忠直
299植村釗次郎家壺
300松平讃岐守頼聡（※「閏四月十日」と注記。301・304～357も）
301松平大和守直克　／302前田飛騨守利鬯
303松平左京大夫頼英　／304島津淡路守忠寛
305稲葉美濃守正邦　／306本多主膳正康穣
307柳澤甲斐守保申　／308宗対馬守義達
309土井能登守利恒　／310稲葉右京亮久通
311遠山信濃守友禄　／312増山対馬守正修
313渡邊丹後守章綱　／314三宅備後守康保
315小笠原左衛門佐長守　／316久松大蔵少輔勝行
317高木主水正正坦　／318久松壱岐守定法
319毛利讃岐守元純　／320細川玄蕃頭興貫
321丹羽長門守氏中　／322稲垣若狭守太清
323大岡越前守忠敬　／324堀右京亮之美
325岩城左京大夫隆邦　／326細川豊前守行眞
327松平主殿頭忠和　／328土岐隼人正頼知
329松平日向守直静　／330大河内右京亮輝照
331酒井左京亮忠経　／332堀田出羽守正養
333森川内膳正俊方　／334西尾隠岐守忠篤
335三浦玄蕃頭顕次　／336井伊右京亮直安
337瀧脇丹後守信敏　／338土井大炊頭利与

339間部下総守詮道　／340青山大膳亮幸宜
341小笠原幸松丸貞孚　／342酒井鉎次郎忠実
343竹腰龍若正旧　／344安藤理三郎信勇
345井上宮内正順　／346松平太刀若康倫
347京極右近高陳　／348松平薫次郎直致
349柳澤伊織光邦　／350伊東彦松祐帰
351土屋餘七麿挙直　／352松前敦千代隆広
353吉川芳之助経健　／354鳥居右近忠文
355織田修理信及　／356黒田甲斐守長徳
357櫻井遠江守忠興　／358永井日向守直介
359四辻大夫公康　／360野宮大夫定穀
361水野和泉守忠精　／362水野直次郎忠弘
363諏訪鋥次郎忠禮　／364奥平美作守昌邁
365柳川少将鑑寛　／366加納嘉元次郎久宜
367永井肥前守尚服　／368堀田相模守正倫
369酒井右京大夫忠禄　／370内藤備後守政挙
371大給左衛門尉近説　／372大給縫殿頭乗謨
373松井周防守康英　／374稲葉備後守正善
375小笠原佐渡守長国　／376立花出雲守種恭
377京極主膳正
378稲垣平右衛門（※「巳の正月廿五日」と注記）
379長門宰相敬親

380保科弾正忠正益（※「六月廿三日」と注記。381・382・387も）
381本庄弾正忠宗武／382石川日向守成之
383前田丹後守利豁／384毛利淡路守元蕃
385伊達若狭守／386喜連川左馬頭
387酒井直之助忠邦
388彦根中将直憲（※「八月三十日」と注記。391・393・395・397・399・401・402・404・405も）
389因幡中将／390松山少将勝成
391伊達侍従宗徳／392備前侍従（池田）章政
393戸田丹波守光則／394秋元刑部大輔志朝
395秋月長門守種殷／396五島飛騨守成徳
397本多河内守忠貫／398九鬼長門守隆義
399松平能登守乗命／400太田備中守資美
401建部内匠頭政世／402前田多慶若利嗣
403阿部元次郎正桓／404毛利宗五郎元懋
405伊達鋳之助宗敬／406内藤金一郎文成
407山名主水助義済（※「六月九日」と注記）
408池田久米之助／409平野内蔵助長裕
410西四辻少将公業／411岩倉勘解由長官具経
勅意宏遠云々〔以下、上文に同じ〕
・明治元年戊辰九月十三日
412因幡中将慶徳／413内藤若狭守頼直
・明治元年戊辰九月十九日
414山内中納言豊信／415田沼玄蕃頭意尊
416内藤志摩守正誠／417岡部彌次郎長職
418山内薫豊誠／419本多修理忠鵬
420池田久米之助喜延／421大澤右京大夫基壽
・明治二年巳巳正月廿五日
422松平少将茂昭／423山内少将豊範
424大河内刑部大輔信古／425関伊勢守長克
426牧野豊前守誠成／427戸田淡路守氏良
428谷大膳亮衛滋／429本多肥前守忠明
430脇阪淡路守安斐／431織田摂津守長易
432柳生但馬守俊益／433片桐主膳正貞篤
434浅野近江守長厚／435蒔田相模守広孝
436永井信濃守直哉／437真田信濃守幸民
438戸田采女正氏共／439稲垣対馬守長敬
440木下鐵次郎俊愿／441山崎壽丸治祇
442鍋島欽八郎直虎／443松浦豊太郎近
・二月十九日
444前田宰相中将慶寧／445成瀬隼人正正肥
446加藤出雲守泰令／447小笠原近江守貞正
・二月二十二日／448橋本中将実梁
・二月二十三日／449澤右衛門権佐宣嘉

勅意宏遠云々〔以下、上文に同じ〕

・明治元年戊辰十一月朔日

450 一橋大納言茂栄　／451 田安中納言慶頼
452 秋元但馬守禮朝　／453 水野出羽守忠敬
454 本多紀伊守正訥　／455 鳥居丹波守忠寳
456 黒田筑後守直養　／457 中山備中守信徴
458 大岡主膳正忠貫　／459 石川若狭守總管
460 松平摂津守忠恕　／461 大河内豊前守正質
462 阿部駿河守正恒　／463 堀田摂津守正頌
464 水野肥前守忠順　／465 大久保中務少輔教義
466 遠藤但馬守胤城　／467 米倉丹後守昌言
468 戸田長門守忠行　／469 米津伊勢守政敏
470 新庄下野守直敬　／471 内田主殿頭正学
472 有馬兵庫頭氏弘　／473 本堂式部丞親久
474 松平雅楽頭頼策　／475 牧野金丸貞邦
476 大久保三九郎忠順　／477 板倉百助勝敬
478 酒井知三忠彰　／479 大関泰次郎増勤
480 堀恭之進直登　／481 大田原鉎丸勝清
482 山口長次郎弘達　／483 吉井鐵丸信謹
484 井上辰若丸正巳

・同月五日　／485 松平確堂齊民

486 松平廿二麿頼之　／487 相馬因幡守季胤

・同月十九日　／488 徳川三位中将家達

489 戸田土佐守忠友　／490 松平主税頭頼位
491 溝口誠之進直正　／492 大久保岩丸忠良
493 秋田萬之助映季　／494 柳澤彰太郎徳忠

・同年十二月五日　／495 細川中将韶邦

496 徳川民部大輔昭武　／497 松平伊賀守忠禮
498 六郷兵庫頭政鑑　／499 上杉駿河守勝道
500 生駒讃岐守親敬

勅意宏遠云々〔以下、上文に同じ〕

・明治二年己巳六月廿七日

501 榊原侍従政敬　／502 戸澤中務大輔正実
503 前田侍従利同　／504 上杉侍従茂憲
505 鍋島甲斐守直紀　／506 大村丹後守純凞
507 松平和泉守　／508 細川若狭守
509 鍋島備中守直彬　／510 安部摂津守信發
511 久留島伊豫守通靖　／512 牧野伊勢守忠泰
513 池田丹波守政禮　／514 佐竹壱岐守義理
515 足利左馬頭聰氏　／516 久世順吉広業
517 酒井徳之助忠禄　／518 阿部基之助正功
519 酒井信三郎忠匡　／520 丹羽五郎左衛門長裕
521 南部彦太郎利恭　／522 板倉教之助勝達
523 本多兵庫助忠伸　／524 松平豊熊信安

525牧野鋭橘忠毅／526田村鎮丸崇顕
527南部雄麿信方／528内藤三郎信美
529内藤英之助政憲／530水野禊之助勝寛
531本多竹仙助実／532南部璟之助栄信
533分部掃部助光明／534堀貞次郎直弘
同年七月十七日／535弘前藩知事承昭
同月廿二日／536津軽従五位承叙
同年八月十三日／537西尾藩知事乗秩
同年十月二日／538久保田藩知事義堯
539高須藩知事義生／540桑名藩知事定教
同年十一月十四日／541高梁藩知事勝弼
同年十二月十二日／542小諸藩知事康済
三年庚午八月十七日／543豊津藩知事忠忱
四年辛未五月四日／544忍藩知事忠敬

（日付）明治元年三月／十二月／（名称）中下大夫奉答書

（備考）中下大夫の奉答誓約せるもの三通を載す（実名は総て自署なり。二百八十八人の姓氏を列記す）。中下大夫の称は五月廿八日に之を定む。旧幕の高家交代寄合を中大夫と為し、寄合両番席千石以上を下大夫と為す。

（写本）〔内閣文庫所蔵〕／宮内省記〔乾〕所載

勅意宏遠云々〔以下、上文に同じ〕／慶応四年戊辰三月

545武田侍従崇信／546足利木久麿
547戸田中務氏貞／548吉良源六郎義方
549大友式部義敬／550大澤釆女助
551有馬次郎広泰／552松平豊三郎康敏
553溝口隼人助直景／554近藤兵庫助用虎
555今大路中務大輔正経／556秋元一学国朝
557服部中保固／558戸田三郎四郎氏益
559五井弘之助忠庸／560溝口越前直壱
561松平式部忠盈／562米津小大夫田之
563山口内匠直英／564近藤力之助用諫
565近藤登助利用／566杉浦越前正尹
567曽我千代松助尚／568鍋島頼之助直影
569大河内鋼之助信矼／570坪内飛騨定益
571秋山虎之助正永／572久松栄之助忠武
573花房外記正綏／574西郷新太郎
575近藤隼人国用／576巨勢大隅利光
577松平欽二郎忠厚／578戸田熊之丞氏寛
579本多日向助直／580本多寛司忠陣
581久永岩吉郎／582西尾錦三郎教穀
583高木義太郎正義／584井上厚之助正義
585大草三吉高朗／586皆川鏈之進庸徳
587大河内監物正劦／588仁賀保孫九郎誠成

589大久保式部教愛／590柴田岩五郎勝誠
591石川楨之助総詮／592太田運八郎資道
593新庄鋼五郎直与／594岡野雄之丞
595阿部志津摩正順／596島津又吉久純
597松平甲次郎／598平岡隼人頼之
599岡部加賀長直／600内藤釤吉正従
601仙石播磨政相／602戸田松三郎忠篤
603太田彦十郎／604村瀬眞次郎重義
605水野春四郎忠善／606間部内膳
607宮城福之助千国／608竹本左門正誠
609仙石鐵次郎久寧／610小笠原外記長則
611大島雲四郎義行／612馬場大助
613戸田彦次郎氏氏／614川勝驟之助広成
615落合鏞太郎道義／616大久保彦太郎
617堀順三郎直意／618千本彌八郎
619岡部鉦次郎忠利／620山本小膳正直
621松平図書乗武／622宮崎太郎泰道
623遠藤新六郎常懐／624諏訪左源太頼威
625山口新五郎直昭／626三好時之助長貞
627渡邊鐘次郎保／628蒔田留十郎広生
629岡田六次郎善直／630稲垣藤九郎長庚
631奥山主税良匡／632齋藤次郎左衛門利愛
633清水次郎／634稲葉左衛門通徳
635別所孫四郎矩方／636鈴木萬次郎重備
637内藤備中忠一／638永井吉之丞直尹
639筧帯刀正行／640坪内鉱次郎利昌
同年十一月十四日／641足利木久麿基永
642大澤基治（花押）／643土岐峯次郎頼功
644太田彦十郎資智／645石川山平総参
646遠山益之助景福／647久永岩吉郎章武
648岡野延五郎知則／649間部篤志郎詮功
650仁賀保佐五郎誠慤／651堀助次郎親序
652清水次郎義方
勅意宏遠云々〔以下、上文に同じ〕／明治元年戊辰十一月十九日
653今川侍従国広／654菅沼左近将監定長
655宮原侍従義路／656前田侍従長猷
657上杉源四郎義順／658織田織之助信真
659長澤内記資寧／660品川第二郎氏次
661蘆野雄之助資愛／662福原内匠資生
663大田原帯刀清明／664那須与一資興
665新田滿次郎俊純／666戸田太郎光武
667久世三四郎広崇／668酒井采女忠篤
669大久保与七郎忠告／670大久保兵庫教興
671内藤駒次郎信重／672藤堂乗之丞良連

673水野式部忠和／674本多駒之助正国
675菅谷主税介政勝／676松平采女信懿
677石川又四郎正敬／678松下加兵衛重光
679有馬鐵三郎則忠／680杉浦桂之進政芳
681徳永主税昌大／682日向小傳太正直
683織田主水正治／684井戸金平弘光
685加藤彌次郎明吉／686加藤右近明昭
687諏訪萬吉郎頼超／688安藤左京高美
689永田勝左衛門直知／690本多吉彌忠宏
691三井萬三郎良忠／692大久保銑三郎教孝
693進佐渡守成孝／694玉虫八左衛門維矩
695諏訪甲斐守頼匡
同年十二月五日／696生駒甸之助俊徳
697渡邊虎之助濟／698多賀靫負高智
699河野庄左衛門通知
勅意宏遠云々〔以下、上文に同じ〕／慶応四年六月
700大澤侍従基壽／701京極侍従高福
702畠山侍従義勇／703榊原越中守照求
704最上駿河守義連／705日野大学資訓
706中條兵庫信汎／707織田主計信任
708山名主水助義濟／709松平与次郎敬信
710平野内蔵助長裕／711戸川主馬助逵敏
712朽木主計助之綱／713金森左京近明
714五島銑之助盛明／715伊東鑑之助祐敦
716和久左衛門五郎頼謙／717小笠原兵庫助長裕
718朽木和泉守綱美／719水野但馬守忠昌
720高木伊勢守守庸／721小笠原加賀守長穀
722松井信濃守康功／723能勢日向守頼富
724一色丹後守直記／725池田右近将監頼誠
726小出大和守秀実／727小出播磨守秀道
728牧相模守義道／729松平上総介忠敏
730板倉小次郎勝運／731内藤甚郎正義
732横田権之助栄松／733三枝政三郎守道
734石川靫負総範／735水野国之助貞尚
736永井左門直剛／737酒井冨之助
738花房助兵衛職居／739上田鐐次郎義命
740大給求馬乗恵／741舟越柳之助
742柴田七九郎／743青山内記幸勧
744武田兵庫信敬／745一柳信次郎直明
746小出主水有常／747巨勢鑛之助利国
748近藤利三郎政敏／749青木九十郎直永
750仙石右近久徴／751甲斐庄帯刀正光
752石河蔵人貞昭／753堀田主計一儀
754藤懸左京永武／755瀧川斧太郎利勇

756蒔田鐙太郎広徳／757水谷主水勝昌
758浅野友三郎長凞／759根來栄三郎盛富
760片桐鍒三郎貞明／761大河内孫三郎
762本多邦之輔成功／763長谷川都五郎勝龍
764木下辰太郎秀舜／765浅野隼人長發
766朽木勇太郎為綱／767秋月幾三郎種事
768松平主税勝寛／769菅沼直七郎定基
770酒井鉄三郎忠誠／771池田錡三郎
772伊東常二郎／773酒井織部忠尚
774庄田八十之助安興／775久留島修理通孝
776市橋傳七郎長賢／777森宗兵衛政徳
778竹中万壽蔵重任／779京極要之助高驥
780小出織部秀粲／781内藤甚十郎忠良
782青木寅之助義権／783松井伊織康功
784永井大之丞直穀／785谷蔵人衛久
786桑山舎人元吉／787曽我勝太郎純祐
788土方兼三郎雄道／789大島鐵太郎義和
790多羅尾織之助光弼／791松浦左京恒
792谷鐐蔵衛通／793島田新三郎直行
794安部政太郎信徳／795戸川右近逵利
796本多岩次郎忠保／797今井彦二郎好近
798織田熊三郎信一／799村越三十郎顕民
800桑山修理正範／801安部主殿信清
802土方靫負久巳／803丹羽小左衛門正親
804渡邊鎮之丞厚／805武島頴之助直方
806片桐内蔵助信成／807櫻井鏗之助忠正
808安部関次郎信喜／809小堀権十郎政安
810小出助四郎秀庸／811桑山録太郎重信
812角南哲三郎忠愛／813渡邊嘉一郎鏡
814中島与五郎隆成／815松平太郎左衛門信汎

明治元年戊辰九月十三日

816菊地主膳則忠／817齋藤宮内三義
818船越柳之助景略／819戸川隼人安宅
820青山三之助幸待／821内藤弾正忠寛
822関左近盛令／823八木十三郎補政
824佐野房之助率行／825松井主馬康弘
826設楽帯刀貞鑑

明治元年戊辰九月十九日

827横瀬筑前守貞固／828新田信濃守貞時
829六角主税／名代雄太郎廣宣／830前田愿十郎長禮
831岡田鋻之助善長／832勝田鋼吉

※以上、『大日本維新史料稿本』に拠ったが、原本の順番と若干異同がある。

以上は「大日本維新史料稿本」により翻刻したものであり、便宜的に一連番号を冠した。これを宮内庁宮内公文書館所蔵の『五條御誓約奉対書写真』全三冊（原本「大高檀紙／京都御所東山御文庫御物／大正九年十月（撮影）」）と対照するに、次のような異同がある。

まず一冊目「其一」1～319から続く二冊目「其一」320～411まででは、すべて慶応四年三月十四日で、稿本と順番も一致する。しかし、二冊目「其二」700～832は、同年六月と九月十三日・十九日分、「其三」545～623から続く三冊目「其三」624～652は、同年三月と十一月十四日分、「其四」450～500が同年の十一月一日・五日・十九日と十二月五日分、「其五」653～699が同年十一月十九日と十二月五日分、「其六」412～449が同年九月十三日・十九日と明治二年正月二十五日・二月十九日・二十二日・二十三日分、「其七」501～544が明治二年の六月二十七日・七月十七日・二十二日・八月十三日・十月二日・十一月十四日・十二月十二日および三年八月十七日・四年五月四日分で、稿本と順番が一致しない。

このような違いは、大日本維新史料が稿本を作る際に、原本の身分・官位などを考慮して少し並べ換えたからだろうと思われる。もちろん、全体として名簿全八三二名中、加署者総数は七六五名で違いがない。

これらの人々は、五条の国是を天地神明に誓われた明治天皇のもとで「叡旨を奉戴し、死を誓ひ、黽勉従事…宸襟を安んじ奉らん」決意を示すために、自ら署名をしたのである。そのような決死の覚悟こそが近代的統一国家の迅速な形成を可能にした根本要因だと思われる。

それを端的に示す一例として、明治二年六月、薩長土肥が率先して「版籍奉還」を申し出ると、全国大多数の二七八藩がそれに倣ったのは、画期的な出来事といえよう。

また、これらの人々が十年余り後に健在で活躍していたことを示すのは、宮内省で同十二年に撮影された『明治十二年明治天皇御下命「人物写真帖」』である。そこに掲載されている人は四千五百余名にのぼるが、「五条御誓約奉対書」に署名した人物も三二六名含まれている。その人々は翻刻文に傍線を付すと共に、その署名（官位等は別人の記入。その下に自署）と写真をあわせて以下に掲出する（1のみ例外）。

なお、これらの人々の略歴などを写真の下に記した。それには、宮内庁三の丸尚蔵館の平成二十五年展示写真解説と、その一部を抄出した刑部芳則編『明治をつくった人々』（平成二十九年四月、吉川弘文館）を大いに参照させて頂いた。

また、この署名者と写真帖を照合したり、本稿の入力に際して、モラロジー研究所専攻塾二十六期生の後藤真生氏（京都産業大学卒業）から多大な助力をえたことに謝意を表する。

（平成三十年一月十五日稿。三十日補）

付　御誓約奉対署名と『人物写真帖』の対照

有栖川太宰帥

（署名を欠くが例外的に掲出）

1　有栖川太宰師**熾仁親王**

陸軍大将兼左大臣議定官二品大勲位

（皇族）　46歳

岩倉右兵衛督具視

3　岩倉右兵衛督**具視**

右大臣従一位勲一等

東京府華族　56歳

三條大納言實美

2　三条大納言**実美**

太政大臣兼賞勲局総裁修史館総裁

従一位勲一等　東京府華族　44歳

中山前大納言忠能

4　中山前大納言**忠能**

麝香間祇候従一位

東京府華族　72歳

6　有栖川中務卿**幟仁**
一品勲一等
（皇族）　69歳

10　華頂二品**博経**
故海軍少将三品勲一等
（皇族）　享年26

7　山階治部卿**晃**
二品勲一等
（皇族）　63歳

13　徳大寺大納言**実則**
宮内卿正二位勲一等
東京府華族　42歳

15　萬里小路中納言**博房**
皇太后宮大夫正三位
東京府華族　57歳

16　長谷宰相**信篤**
麝香間祗候従二位
東京府華族　60歳

17　松平宰相**慶永**
麝香間祗候正二位
東京府華族　元福井藩主　53歳

18　白川神祇伯**資訓**
正三位
東京府華族　40歳

23　島津少将**忠義**
麝香間祇候従二位
東京府華族　元鹿児島藩主　41歳

19　蜂須賀少将**茂韶**
外務省准勅任御用掛従二位
東京府華族　元徳島藩主　35歳

25　亀井侍従**茲監**
麝香間祇候従三位
東京府華族　元津和野藩主　59歳

21　伊達少将**宗城**
麝香間祇候従二位
東京府華族　元宇和島藩主　63歳

26　鍋島侍従**直大**
外務省准勅任御用掛従三位
東京府華族　元佐賀藩主　35歳

29　正親町大納言**実徳**
正二位
東京府華族　67歳

28　細川侍従**護久**
麝香間祇候従三位
東京府華族　元熊本藩主　42歳

31　中院大納言**通富**
正二位
京都府華族　58歳

橋本大納言實麗

32　橋本大納言**実麗**

正二位
東京府華族　72 歳

久我大納言通久

33　久我大納言**通久**

正三位
東京府華族　40 歳

三條西中納言季知

34　三條西中納言**季知**

宮内省御用掛正二位
東京府華族　70 歳

大原宰相重德

35　大原宰相**重徳**

贈正二位
東京府華族　享年 78

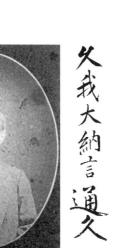

36　西園寺三位中将**公望**
正三位
東京府華族　34 歳

39　東園中将**基敬**
従三位
東京府華族　61 歳

38　吉田侍従三位**良義**
権少教正正三位
東京府華族　44 歳

44　五條少納言**為栄**
正四位
山形県華族　39 歳

45 壬生前修理権大夫**基修**

麝香間祇候従三位
東京府華族 58 歳

46 四條前侍従**隆謌**

陸軍少将正四位勲二等
東京府華族 53 歳

47 鷲尾侍従**隆聚**

工部少書記官正四位
京都府華族 39 歳

48 長谷美濃権介**信成**

正四位
東京府華族 40 歳

52　岩倉侍従**具綱**
式部寮七等出仕兼三等掌典従四位
東京府華族　40歳

49　平松甲斐権介**時厚**
従四位
京都府華族　36歳

53　萬里小路右少弁**通房**
従四位
東京府華族　33歳

50　石山右兵衛権佐**基正**
従四位
京都府華族　38歳

58　秋月右京亮**種樹**
議官従四位
東京府華族　元高鍋藩主　48歳

54　坊城侍従**俊章**
陸軍歩兵大尉従四位勲五等
東京府華族　34歳

59　戸田大和守**忠至**
正四位
東京府華族　元曽我野藩主　72歳

57　五辻大夫**安仲**
宮内省御用掛第三部部長正四位
東京府華族　36歳

60　長岡左京亮護美

外務省准勅任御用掛従四位
東京府華族　38 歳

64　近衛前左大臣忠熈

麝香間祗候従一位
東京府華族　73 歳

63　大炊御門右大臣家信

麝香間祗候正二位
京都府華族　63 歳

67　廣幡内大臣忠禮

麝香間祗候正二位
東京府華族　57 歳

74　柳原前大納言**光愛**

正二位
東京府華族　63歳

69　綾小路按察使**有長**

麝香間祇候正二位
東京府華族　89歳

82　前田中納言**齊泰**

正三位
東京府華族　元金沢藩主　70歳

73　飛鳥井前大納言**雅典**

正二位
京都府華族　56歳

野宮前中納言 定功

87　野宮前中納言**定功**

正二位

東京府華族　66歳

清水谷中納言公正

83　清水谷中納言**公正**

従二位

京都府華族　72歳

三室戸宰相 陳光

89　三室戸宰相**陳光**

従二位

京都府華族　76歳

六條前中納言 有容

86　六條前中納言**有容**

賀茂別雷神社宮司兼大教正正二位

京都府華族　67歳

90　西洞院宰相**信堅**

正三位
京都府華族　77 歳

94　四辻宰相中将**公賀**

正三位
東京府華族　41 歳

93　梅渓宰相中将**通善**

正三位
京都府華族　60 歳

96　竹屋前宰相**光有**

従二位
東京府華族　70 歳

藤波二位教忠

99　藤波二位**教忠**

従二位

東京府華族　58 歳

萩原二位員光

102　萩原二位**員光**

権中教正従二位

東京府華族　60 歳

五辻二位高仲

101　五辻二位**高仲**

従二位

東京府華族　72 歳

豊岡前大蔵卿隨資

105　豊岡前大蔵卿**隨資**

正三位

東京府華族　67 歳

石野三位基安

117　石野三位基安
正三位
京都府華族　63 歳

倉橋大蔵卿泰聰

106　倉橋大蔵卿泰聰
正三位
京都府華族　66 歳

堀川三位親賀

119　堀川三位親賀
正三位
東京府華族　59 歳

三室戸三位雄光

111　三室戸三位雄光
正三位
京都府華族　76 歳

125　藤井三位**行道**
正三位
東京府華族　56 歳

120　山井三位**氏暉**
正三位
京都府華族　59 歳

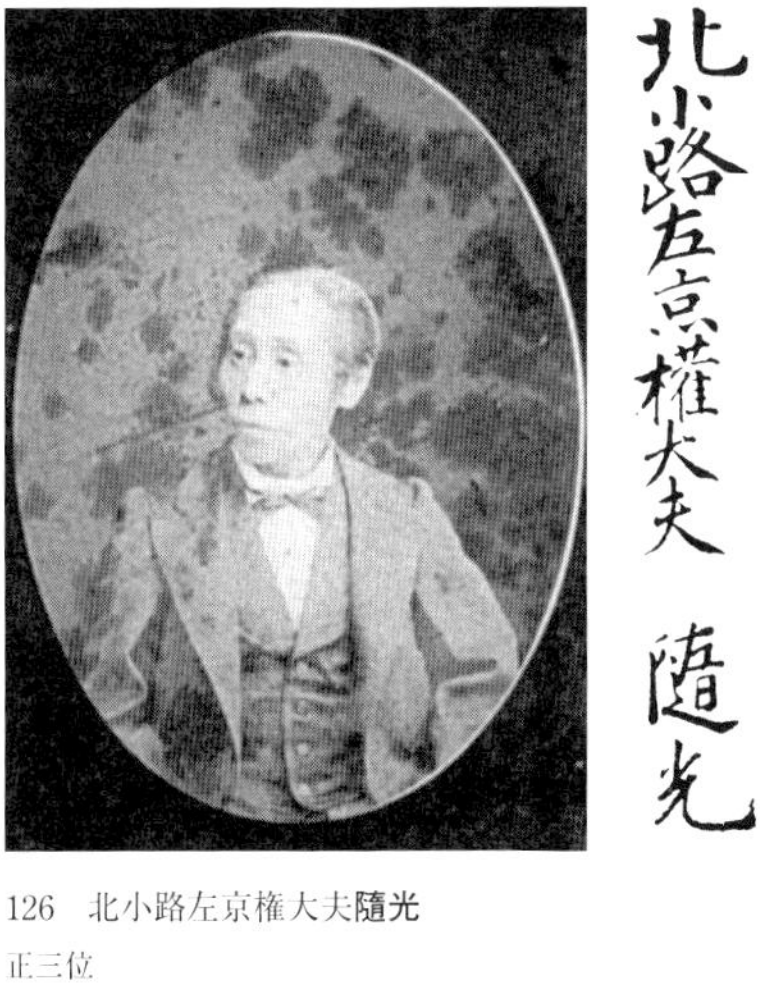

126　北小路左京権大夫**随光**
正三位
東京府華族　49 歳

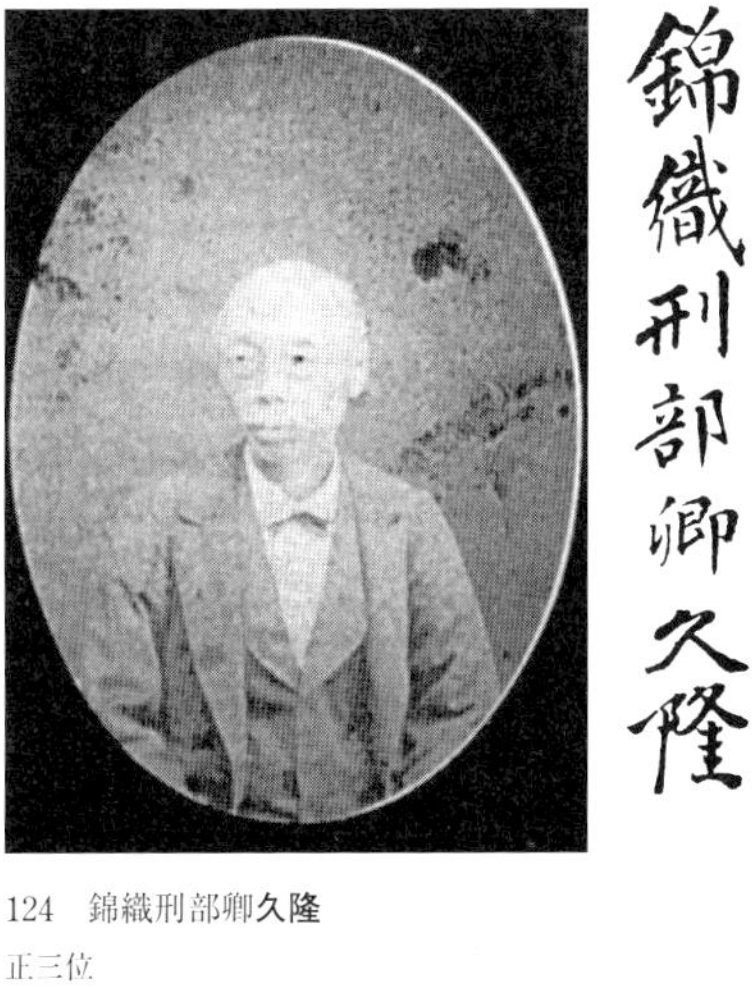

124　錦織刑部卿**久隆**
正三位
東京府華族　61 歳

127　交野左京大夫**時萬**
正三位
東京府華族　49 歳

128　慈光寺太宰大弐**有仲**
正三位
東京府華族　53 歳

130　梅園三位**実紀**
正三位
京都府華族　54 歳

131　堀川新三位**康隆**
侍従正三位
東京府華族　45 歳

138　山科内蔵頭**言縄**
正三位
京都府華族　46 歳

132　清岡三位**長説**
正三位
京都府華族　49 歳

139　飛鳥井侍従三位**雅望**
正三位
京都府華族　39 歳

137　倉橋三位**泰顕**
従三位
京都府華族　46 歳

石山中将基文

150　石山中将**基文**
従三位
東京府華族　51歳

油小路中将隆晃

141　油小路中将**隆晃**
従三位
京都府華族　60歳

愛宕中将通致

154　愛宕中将**通致**
従三位
京都府華族　53歳

三條西少将公允

149　三條西少将**公允**
侍従従三位
東京府華族　40歳

155　町尻少将**量衡**

従三位

京都府華族　53 歳

156　高丘兵部大輔**紀季**

従三位

京都府華族　49 歳

157　高野少将**保建**

正四位

京都府華族　44 歳

158　大炊御門少将**師前**

従三位

京都府華族　28 歳

六角大蔵大輔 博通

159　六角大蔵大輔**博通**
従三位
京都府華族　46 歳

園中将 基祥

162　園中将**基祥**
従三位
京都府華族　48 歳

石野治部大輔 基佑

161　石野治部大輔**基佑**
従三位
京都府華族　46 歳

裏辻前中将 公愛

163　裏辻前中将**公愛**
従三位
東京府華族　60 歳

167　清水谷侍従**公考**
正四位
京都府華族　36歳

164　園池少将**公静**
従三位
東京府華族　46歳

168　滋野井侍従**公壽**
正四位
東京府華族　38歳

165　高辻少納言**修長**
侍従従三位
東京府華族　41歳

174　坊城頭弁**俊政**
式部頭従三位
東京府華族　55 歳

169　小倉侍従**長季**
正四位
東京府華族　42 歳

177　富小路前中務大輔**敬直**
侍従正四位
東京府華族　39 歳

171　山本少将**実政**
宮内省御用掛第六部部長従三位
京都府華族　55 歳

180　梅渓侍従**通治**
男山八幡宮宮司兼中教正正四位
京都府華族　50歳

183　慈光寺大膳権大夫**右仲**
正四位
東京府華族　41歳

182　千種侍従**有任**
正四位
東京府華族　46歳

185　油小路侍従**隆董**
正四位
京都府華族　42歳

188　三室戸左兵衛佐**和光**
従四位
京都府華族　39歳

186　綾小路少将**有良**
従四位
東京府華族　32歳

189　豊岡中務権大輔**健資**
従四位
東京府華族　36歳

187　唐橋大内記**在綱**
陸軍歩兵中尉従四位
東京府華族　39歳

190　松平少将**定安**
従四位
東京府華族　元松江藩主　46 歳

191　伏原少納言**宣足**
従四位
東京府華族　36 歳

193　風早大和権介**公紀**
従四位
東京府華族　40 歳

194　中園近江権介**実受**
従四位
京都府華族　36 歳

萩原右衛門佐 員種

195　萩原右衛門佐**員種**
従四位
東京府華族　31 歳

冷泉侍従 為紀

196　冷泉侍従**為紀**
従四位
京都府華族　27 歳

東坊城大學頭 任長

197　東坊城大学頭**任長**
従四位
京都府華族　43 歳

錦織中務大輔 教久

198　錦織中務大輔**教久**
従四位
東京府華族　31 歳

199　堤右兵衛佐**功長**

従四位

東京府華族　36 歳

200　押小路弾正少弼**公亮**

従四位

東京府華族　40 歳

202　藤波伊勢権守**言忠**

侍従従四位

東京府華族　28 歳

203　黒田少将**長知**

従四位

東京府華族　元福岡藩主　43 歳

204　藤堂少将**高潔**

従四位
東京府華族　元津藩主　44 歳

205　有馬遠江守**道純**

従四位
東京府華族　元丸岡藩主　44 歳

207　勘解由小路権右中弁**資生**

従四位
東京府華族　54 歳

209　葉室左少弁**長邦**

従四位
東京府華族　42 歳

210　竹屋左衛門佐光昭
従四位
東京府華族　44 歳

211　西大路大夫隆修
従四位
京都府華族　47 歳

212　梅園大夫実静
従四位
京都府華族　41 歳

214　西洞院大夫信愛
従四位
京都府華族　35 歳

215　藪大夫**実方**
従四位
東京府華族　44 歳

216　冷泉大夫**為柔**
従四位
東京府華族　35 歳

217　清閑寺侍従**盛房**
従四位
京都府華族　36 歳

220　勘解由小路出雲権介**光尚**
従四位
東京府華族　39 歳

226　大原左馬頭**重朝**
外務省准奏任御用掛従四位
東京府華族　33 歳

221　花園大夫**実延**
従四位
京都府華族　30 歳

227　甘露寺大夫**義長**
従四位
東京府華族　29 歳

222　東園大夫**基愛**
侍従従四位
東京府華族　31 歳

228　中御門大夫**経明**
従四位
東京府華族　31歳

229　阿野侍従**実允**
従四位
東京府華族　31歳

230　植松右京権大夫**雅徳**
従四位
東京府華族　38歳

234　清岡大膳大夫**長延**
従四位
京都府華族　36歳

235　裏松中務権少輔**良光**

陸軍歩兵中尉従四位勲六等
東京府華族　31 歳

236　桑原大夫**輔長**

正五位
京都府華族　34 歳

237　武者小路大夫**実世**

司法省御用掛正五位
東京府華族　39 歳

240　三室戸大夫**治光**

正五位
京都府華族　32 歳

243　八條近江権守**隆吉**
従五位
京都府華族　33 歳

245　植松大夫**雅平**
従五位
東京府華族　28 歳

244　岩倉大夫**具定**
内務省准奏任御用掛従四位
東京府華族　30 歳

247　唐橋大夫**在正**
従五位
東京府華族　29 歳

248　日野西越後権介**光善**

少教正従五位
東京府華族　32歳

249　松浦肥前守**詮**

麝香間祇候正四位
東京府華族　元平戸藩主　41歳

250　京極佐渡守**朗徹**

従五位
東京府華族　元丸亀藩主　53歳

251　九鬼大隅守**隆備**

従五位
東京府華族　元綾部藩主　47歳

252　北條相模守**氏恭**
侍従従五位
東京府華族　元狭山藩主　36 歳

255　倉橋因幡権介**泰清**
従五位
京都府華族　28 歳

253　櫛笥大夫**隆義**
従五位
京都府華族　29 歳

257　安藤飛驒守**直裕**
従五位
東京府華族　元田辺藩主　60 歳

258　仙石讃岐守**久利**

従五位

東京府華族　元出石藩主　61 歳

260　市橋下総守**長義**

正五位

東京府華族　元西大路藩主　60 歳

259　中川修理大夫**久昭**

従四位

東京府華族　元岡藩主　61 歳

262　木下備中守**利恭**

従五位

東京府華族　元足守藩主　49 歳

京極下總守
高典

268　京極下総守**高典**
従五位
東京府華族　元多度津藩主　45 歳

京極飛驒守
高厚

263　京極飛騨守**高厚**
従五位
東京府華族　元豊岡藩主　48 歳

松平佐渡守
直己

269　松平佐渡守**直巳**
従五位
東京府華族　元広瀬藩主　49 歳

水野大炊頭
忠幹

266　水野大炊頭**忠幹**
従五位
東京府華族　元新宮藩主　43 歳

270　伊東播磨守長壽
従五位
東京府華族　元岡田藩主　37歳

271　松平主計頭直哉
従五位
東京府華族　元母里藩主　33歳

272　朽木近江守為綱
従五位
東京府華族　元福知山藩主　33歳

273　池田相模守徳定
従五位
東京府華族　元若桜藩主　33歳

小出伊勢守 英尚

274　小出伊勢守英尚
従五位
東京府華族　元園部藩主　32 歳

藤堂佐渡守 高邦

275　藤堂佐渡守高邦
従五位
東京府華族　元久居藩主　35 歳

加藤遠江守 泰秋

276　加藤遠江守泰秋
従四位
東京府華族　元大須（洲）藩主　35 歳

加藤能登守 明實

277　加藤能登守明実
正五位
東京府華族　元水口藩主　33 歳

織田出雲守
信親

278　織田出雲守**信親**
従五位
東京府華族　元柏原藩主　31歳

北小路極﨟
大江俊昌

282　北小路極﨟大江**俊昌**
従五位
東京府華族　45歳

松平圖書頭
信正

280　松平図書頭**信正**
大蔵省準奏任御用掛従五位
東京府華族　元亀岡藩主　29歳

織田冨久之助
信敏

287　織田冨久之助**信敏**
従五位
東京府華族　元天童藩主　28歳

森帯刀忠儀

288　森帯刀**忠儀**

従五位

東京府華族　元赤穂藩主　31歳

土方聟千代雄永

289　土方聟千代**雄永**

従五位

東京府華族　元菰野藩主　30歳

青木源五郎重義

290　青木源五郎**重義**

従五位

東京府華族　元麻田藩主　28歳

一柳弦次郎頼明

291　一柳弦次郎**頼明**

従五位

東京府華族　小松藩守　23歳

293　井上河内守**正直**
少教正従四位
東京府華族　元鶴舞藩主　44 歳

297　一柳対馬守**末徳**
従五位
東京府華族　元小野藩主　31 歳

296　板倉摂津守**勝弘**
従五位
東京府華族　元庭瀬藩主　43 歳

298　本多平八郎**忠直**
陸軍歩兵大尉正七位
静岡県士族　36 歳

299　植村釗次郎**家壺**
従五位
東京府華族　元高取藩主　34 歳

300　松平讃岐守**頼聡**
従四位
東京府華族　元高松藩主　47 歳

301　松平大和守**直克**
従四位
東京府華族　元前橋藩主　41 歳

302　前田飛騨守**利鬯**
従四位
東京府華族　元大聖寺藩主　40 歳

304　島津淡路守**忠寛**

従四位

東京府華族　元佐土原藩主　53 歳

305　稲葉美濃守**正邦**

従四位

東京府華族　元淀藩主　47 歳

306　本多主膳正**康穣**

従四位

東京府華族　元膳所藩主　46 歳

307　柳澤甲斐守**保申**

従四位

東京府華族　元郡山藩主　35 歳

309　土井能登守**利恒**
従五位
東京府華族　元大野藩主　33 歳

310　稲葉右京亮**久通**
従五位
東京府華族　元臼杵藩主　38 歳

311　遠山信濃守**友禄**
従五位
東京府華族　元苗木藩主　62 歳

313　渡邊丹後守**章綱**
従五位
東京府華族　元伯太藩主　48 歳

314　三宅備後守**康保**
従五位
東京府華族　元田原藩主　50歳

315　小笠原左衛門佐**長守**
従五位
東京府華族　元勝山藩主　47歳

317　高木主水正**正担**
従五位
東京府華族　元丹南藩主　52歳

318　久松壱岐守**定法**
従五位
東京府華族　元今治藩主　47歳

323　大岡越前守**忠敬**
権少教正従五位
東京府華族　元西大平藩主　53 歳

320　細川玄蕃頭**興貫**
従五位
東京府華族　元茂木藩主　49 歳

325　岩城左京大夫**隆邦**
従五位
東京府華族　元亀田藩主　37 歳

321　丹羽長門守**氏中**
従五位
東京府華族　元三草藩主　45 歳

326　細川豊前守**行眞**
従五位
東京府華族　元宇土藩主　39 歳

327　松平主殿頭**忠和**
従五位
東京府華族　元島原藩主　30 歳

328　土岐隼人正**頼知**
従五位
東京府華族　元沼田藩主　32 歳

329　松平日向守**直静**
従五位
東京府華族　元清崎藩主　33 歳

331　酒井左京亮**忠経**
従五位
東京府華族　元小浜藩主　33歳

332　堀田出羽守**正養**
東京府赤坂区長従五位
東京府華族　元宮川藩主　33歳

334　西尾隠岐守**忠篤**
従五位
東京府華族　元花房藩主　31歳

335　三浦玄蕃頭**顕次**
従五位
東京府華族　元勝山藩主　34歳

341　小笠原幸松丸**貞孚**
従五位
東京府華族　元安志藩主　31 歳

336　井伊右京亮**直安**
従五位
東京府華族　元与板藩主　30 歳

344　安藤理三郎**信勇**
従五位
東京府華族　元磐城平藩主　32 歳

340　青山大膳亮**幸宜**
従五位
東京府華族　元郡上藩主　26 歳

348　松平薫次郎**直致**

従四位

東京府華族　元明石藩主　32 歳

349　柳澤伊織**光邦**

従五位

東京府華族　元黒川藩主　27 歳

350　伊東彦松**祐帰**

従五位

東京府華族　元飫肥藩主　26 歳

351　土屋餘七麿**挙直**

従五位

東京府華族　元土浦藩主　29 歳

355　織田修理**信及**

従五位

東京府華族　元柳本藩主　37歳

356　黒田甲斐守**長徳**

従五位

東京府華族　元秋月藩主　33歳

357　櫻井遠江守**忠興**

従五位

東京府華族　元尼崎藩主　33歳

359　四辻大夫**公康**

正五位

東京府華族　28歳

360　野宮大夫**定穀**
従五位
東京府華族　28 歳

362　水野直次郎**忠弘**
従五位
東京府華族　元朝日山藩主　25 歳

361　水野和泉守**忠精**
従四位
東京府華族　元朝日山藩主　49 歳

364　奥平美作守**昌邁**
従五位
東京府華族　元中津藩主　26 歳

368　堀田相模守**正倫**
従五位
東京府華族　元佐倉藩主　30歳

366　加納嘉元次郎**久宜**
従五位
東京府華族　元一宮藩主　33歳

370　内藤備後守**政挙**
従五位
東京府華族　元延岡藩主　31歳

367　永井肥前守**尚服**
中教正従五位
東京府華族　元加納藩主　48歳

374　稲葉備後守**正善**
従五位
東京府華族　元館山藩主　33 歳

371　大給左衛門尉**近説**
少教正従五位
東京府華族　元府内藩主　53 歳

376　立花出雲守**種恭**
従五位
東京府華族　元三池藩主　45 歳

373　松井周防守**康英**
従四位
東京府華族　元川越藩主　51 歳

384　毛利淡路守**元蕃**
従五位
東京府華族　元徳山藩主　65 歳

380　保科弾正忠**正益**
従五位
東京府華族　元飯野藩主　48 歳

391　伊達侍従**宗德**
従四位
東京府華族　元宇和島藩主　51 歳

381　本庄弾正忠**宗武**
少教正従五位
東京府華族　元宮津藩主　35 歳

九鬼長門守隆義

398　九鬼長門守**隆義**

従五位

東京府華族　元三田藩主　44 歳

戸田丹波守光則

393　戸田丹波守**光則**

従四位

東京府華族　元松本藩主　53 歳

松平能登守乗命

399　松平能登守**乗命**

従五位

東京府華族　元岩村藩主　33 歳

本多河内守忠貫

397　本多河内守**忠貫**

従五位

東京府華族　元神戸藩主　48 歳

403　阿部元次郎**正桓**
従五位
東京府華族　元福山藩主　30歳

400　太田備中守**資美**
従五位
東京府華族　元松尾藩主　27歳

406　内藤金一郎**文成**
従五位
東京府華族　元挙母藩主　26歳

402　前田多慶若**利嗣**
従四位
東京府華族　元金沢藩主　23歳

419　本多修理**忠鵬**
従五位
東京府華族　元西端藩主　24 歳

410　西四辻少将**公業**
侍従従四位
東京府華族　43 歳

422　松平少将**茂昭**
正四位
東京府華族　元福井藩主　45 歳

411　岩倉勘解由長官**具経**
大蔵権少書記官正五位
東京府華族　28 歳

427　戸田淡路守**氏良**

従五位
東京府華族　元野村藩主　42歳

423　山内少将**豊範**

麝香間祇候従三位
東京府華族　元高知藩主　35歳

429　本多肥前守**忠明**

従五位
東京府華族　元山崎藩主　48歳

424　大河内刑部大輔**信古**

従四位
東京府華族　元豊橋藩主　52歳

435　蒔田相模守**広孝**
従五位
東京府華族　元浅尾藩主　32 歳

430　脇阪淡路守**安斐**
宮内省御用掛従五位
東京府華族　元龍野藩主　42 歳

436　永井信濃守**直哉**
従五位
東京府華族　元櫛羅藩主　31 歳

433　片桐主膳正**貞篤**
従五位
東京府華族　元小泉藩主　40 歳

437　真田信濃守**幸民**

従四位

東京府華族　元松代藩主　31 歳

438　戸田采女正**氏共**

工部省準奏任御用掛従五位

東京府華族　元大垣藩主　27 歳

439　稲垣対馬守**長敬**

従五位

東京府華族　元鳥羽藩主　27 歳

440　木下鐵次郎**俊愿**

故従五位

東京府華族　元日出藩主　享年 44 歳

441　山崎壽丸**治祇**
従五位
東京府華族　元成羽藩主　26歳

442　鍋島欽八郎**直虎**
従五位
東京府華族　元小城藩主　25歳

445　成瀬隼人正**正肥**
正五位
東京府華族　元犬山藩主　46歳

446　加藤出雲守**泰令**
正五位
東京府華族　元新谷藩主　43歳

447　小笠原近江守**貞正**
従五位
東京府華族　元千束藩主　41歳

453　水野出羽守**忠敬**
従五位
東京府華族　元菊間藩主　30歳

448　橋本中将**実梁**
式部権助兼二等掌典従三位
東京府華族　47歳

454　本多紀伊守**正訥**
従五位
東京府華族　元長尾藩主　54歳

455　鳥居丹波守**忠寶**
従五位
東京府華族　元壬生藩主　36 歳

458　大岡主膳正**忠貫**
従五位
東京府華族　元岩槻藩主　34 歳

457　中山備中守**信徵**
従五位
東京府華族　元松岡藩主　35 歳

460　松平摂津守**忠恕**
従五位
東京府華族　元小幡藩主　56 歳

461　大河内豊前守**正質**
陸軍歩兵少佐従五位
東京府華族　元大多喜藩主　37 歳

462　阿部駿河守**正恒**
従五位
東京府華族　元佐貫藩主　42 歳

463　堀田摂津守**正頌**
従五位
東京府華族　元佐野藩主　39 歳

464　水野肥前守**忠順**
従五位
東京府華族　元鶴牧藩主　57 歳

大久保中務少輔
教義

465　大久保中務少輔**教義**
従五位
東京府華族　元荻野山中藩主　56 歳

戸田長門守
忠行

468　戸田長門守**忠行**
従五位
東京府華族　元足利藩主　34 歳

米倉丹後守
昌言

467　米倉丹後守**昌言**
従五位
東京府華族　元六浦藩主　44 歳

米津伊勢守
政敏

469　米津伊勢守**政敏**
陸軍歩兵少尉従五位勲六等
東京府華族　元長瀞藩主　30 歳

471　内田主殿頭**正学**
従五位
東京府華族　元小見川藩主　34 歳

474　松平雅楽頭**頼策**
従四位
東京府華族　元石岡藩主　33 歳

473　本堂式部丞**親久**
従五位
東京府華族　元志筑藩主　52 歳

476　大久保三九郎**忠順**
従五位
東京府華族　元烏山藩主　24 歳

478　酒井知三**忠彰**

従五位

東京府華族　元伊勢崎藩主　29歳

479　大関泰次郎**増勤**

従五位

東京府華族　元黒羽藩主　29歳

481　大田原鉎丸**勝清**

従五位

東京府華族　元大田原藩主　20歳

482　山口長次郎**弘達**

従五位

東京府華族　元牛久藩主　21歳

484　井上辰若丸**正巳**
従五位
東京府華族　元下妻藩主　25歳

489　戸田土佐守**忠友**
中教正従五位
東京府華族　元宇都宮藩主　34歳

485　松平確堂**齊民**
正四位
東京府華族　元津山藩主　67歳

490　松平主税頭**頼位**
権少教正従五位
東京府華族　元宍戸藩主　74歳

494　柳澤彰太郎**徳忠**
従五位
東京府華族　元三日市藩主　27歳

491　溝口誠之進**直正**
従五位
東京府華族　元新発田藩主　26歳

497　松平伊賀守**忠禮**
従五位
東京府華族　元上田藩主　31歳

493　秋田萬之助**映季**
従五位
東京府華族　元三春藩主　23歳

498　六郷兵庫頭**政鑑**
従五位
東京府華族　元本荘藩主　33 歳

499　上杉駿河守**勝道**
従五位
東京府華族　元谷地藩主　55 歳

500　生駒讃岐守**親敬**
従五位
東京府華族　元矢島藩主　32 歳

501　榊原侍従**政敬**
従四位
東京府華族　元高田藩主　38 歳

大村丹後守 純熈

506　大村丹後守純凞
従四位
東京府華族　元大村藩主　51歳

戸澤中務大輔 正實

502　戸澤中務大輔正実
従四位
東京府華族　元新庄藩主　49歳

鍋嶋備中守 直彬

509　鍋島備中守直彬
沖縄県令兼判事従五位
東京府華族　元鹿島藩主 38歳

上杉侍従 茂憲

504　上杉侍従茂憲
宮内省御用掛第四部部長従四位
東京府華族　元米沢藩主　37歳

510　安部摂津守**信發**
従五位
東京府華族　元半原藩主　36歳

512　牧野伊勢守**忠泰**
権少教正従五位
東京府華族　元峯岡藩主　36歳

513　池田丹波守**政禮**
従五位
東京府華族　元生坂藩主　33歳

514　佐竹壱岐守**義理**
従五位
東京府華族　元岩崎藩主　23歳

519　酒井信三郎**忠匡**
従五位
東京府華族　元松嶺藩主　25 歳

516　久世順吉**広業**
従五位
東京府華族　元関宿藩主　23 歳

520　丹羽五郎左衛門**長裕**
従五位
東京府華族　元二本松藩主　22 歳

518　阿部基之助**正功**
従五位
東京府華族　元棚倉藩主　21 歳

南部彦太郎利恭

521　南部彦太郎**利恭**
正五位
東京府華族　元盛岡藩主　26 歳

板倉教之助勝達

522　板倉教之助**勝達**
宮内省御用掛第一部部長従五位
東京府華族　元重原藩主　42 歳

本多兵庫助忠伸

523　本多兵庫助**忠伸**
従五位
東京府華族　元泉藩主　29 歳

松平豊熊信安

524　松平豊熊**信安**
従五位
東京府華族　元上山藩主　20 歳

527　南部雄麿**信方**

従五位
東京府華族　元七戸藩主　23 歳

525　牧野鋭橋**忠毅**

従五位
東京府華族　元長岡藩主　22 歳

536　津軽従五位**承叙**

正五位
東京府華族　元黒石藩主　41 歳

526　田村鎮丸**崇顕**

従五位
東京府華族　元一関藩主　23 歳

668　酒井采女**忠篤**

陸軍歩兵中尉従五位
東京府華族　元大泉藩主　28歳

418　山内薫**豊誠**

司法省御用掛従五位
東京府華族　元新田藩主　30歳

699　河野庄左衛門**通知**

陸軍会計軍吏正七位勲五等
山口県士族　39歳

584　井上厚之助**正義**

陸軍砲兵少尉正八位
長野県士族　30歳

備前侍従章政

392　備前侍従（池田）章政
麝香間祗候従三位
東京府華族　元岡山藩主　45 歳

近藤利三郎政敏

748　近藤利三郎**政敏**
陸軍歩兵少尉
静岡県士族　30 歳

岡田鍪之助善長

831　岡田鍪之助**善長**
陸軍歩兵少佐従六位
東京府士族　44 歳

〈付記〉以上に対照した二資料の掲載を許可された宮内庁の宮内公文書館と三の丸尚蔵館、および後者『明治十二年明治天皇御下命「人物写真帖」』図録を編刊された関係各位に対し、併せて御礼を申し上げたい。

三　『御誓文大意』と『御宸翰大意』

※これは『明治聖徳記念学会紀要』第五四号（平成二十九年十一月）の拙稿（資料紹介）を一部修正して転載した。

〔解　説〕

明治天皇が践祚された翌春の慶応四年三月十四日（ＡＤ一八六八年四月六日）に公表された「五箇条の御誓文」は、日本の近代史上最も重要な史料である。従って、その成立過程や政治思想史的な意義などについて考究した先学の論著は、決して少くない。

この御誓文が出て間もないころ、その意味を懇切に注釈し一般に普及しようとしたものに、明治五年（一八七二）刊の萩原正平著『御誓文大意』があることも、早くから知られていたであろう。しかし、これに正面から取り組んだ研究は、今のところ管見に入らない。

念のため、この『御誓文大意』は、後述の『御宸翰大意』と共に、数年前から国立国会図書館において「文部省図書館」旧蔵本（特二八―五一五）が「近代デジタルライブラリー」にＷＥＢ公開されている。ただ、序文も本文も変体仮名を多く含み、かなり読み辛い。

この自序部分は、変体仮名の草書体を模刻しており、判読困難であるが、末尾に「明治五壬申季十一月廿三日、三島神社少宮司兼大講義萩原正平、謹てしるす」とみえる。その本文を少し読み易くして翻刻する。

それに先立って、著者の略歴と主な事績、および『大意』の説明を補足する資料などを少し付け加えておこう。

まず著者の萩原正平（はぎわらまさひら）については、昭和十五年（一九四〇）に完結した『神道大辞典』（平凡社刊、同六十二年臨川書店刊の合冊縮刷版一一三六頁）に簡潔な説明がある。また同五十六年初版の日本歴史学会編『明治維新人名辞典』（吉川弘文館刊七七四頁）に、より詳しく説明されており、参考になるので、左に引用させて頂く。

天保九年（一八三八）一二月一一日―明治二十四年（一八九一）六月七日、〈諱〉初名直胤・正平、〈称〉荘兵衛、〈生〉伊豆国君沢郡川西村小坂、〈身〉名主・国学者・神官、〈著〉『増訂伊豆志稿』『古史言行頌』『承久殉難五卿事蹟考』『伊豆国式社考証』『伊豆国式社考略』『伊豆三島神社考証』『三島大社伝記』、〈参〉萩原民治『寄桜懐旧・寄松懐旧』、伊東多三郎『草莽の国学』『三島市誌』、中野虎三『国学三遷史』、『国学者伝記集成』

名主役をつとむ。平田篤胤没後門人、横田直助に業をうけ、皇国学に専心。明治二年、神葬祭に改め、伊豆の神葬祭運動の先駆をなす。神祇官宣教使・三嶋神社少宮司・足利(柄カ)県学校吟味係・静岡県地誌国史編輯係・伊豆山神社祠官・県会議員をつとむ。その間、足柄県知事の委託で伊豆国式内神社調査に従事、五年三月『伊豆国式社考証』を完成する。教導職では権大教正となる。一方、大社教に参加、分院長をつとむ。伊豆を知る国学者として有名。年五四で没。

これらによれば、本書を著した明治五年（一八七二）当時、萩原正平（三十四歳）は、三島神社少宮司であり、その前後から神祇官の宣教使（大講義）や大社教の伊豆分院長などを務め、伊豆国式内社の考証に力を注ぎ、神葬祭の普及にも努めていた。名主クラスの平田流国学者であり、新政府の神祇政策を受け入れ、生地の伊豆地域で勉学と教育に尽力した神官として『三島市史』などでも相応に評価されている。

そのような勉学教育活動の一環として、この『御誓文大意』を著したのであろうが、そこに至る経緯は、今のところ知る手懸りがない。ただ、これと関係が深い著作として、本書の奥付の右上に「御宸翰大意　近刊」との予告があり、それが二年四ケ月後に出版されている。

この『御宸翰大意』は、前述の『御誓文大意』が私家版的な個人の著作であるのに対して、本書は表紙に「吉田強介謹述／大内青巒《せいらん》閲」「御宸翰大意　全」「明治八年第三月廿七日　擁萬閣蔵版」とあり、奥付に同年月日許可「東京芝赤羽根／書林　山口屋佐七」とある。

しかも、冒頭に毛筆体で「正二位綾小路有長」（八十四歳）の題辞「撫黎元」と「宮内大輔万里小路博房」（四十二歳）の和歌「天のした萬の民にかけまくも　かしこき君のみことのりかな」を掲げ、さらに「正六位田中頼庸」の「御宸翰大意序」を載せている。

著者の吉田強介については、今のところ「筑後の国人」

という以外わからない。ただ、本書に序文を寄せた田中頼庸（一八二六～一八九七）は、薩摩出身の国学者で、明治五年から神祇官に出仕し、同七年から神宮の大宮司、同九年から大教正を務めており、前述の萩原正平と交流があったとみられる。

　また校閲者の大内青巒（一八四五～一九一八）は、仙台出身の真宗僧（大谷光尊の侍講）で、明治五年から「明教新報」を発行しているが、同十一年『豆州熱海誌』（真誠社）を出版しており、伊豆の萩原正平とも関係があったかと思われる。

　このうち、前の『御誓文大意』は、御誓文の出た四年半後（明治五年十一月）出版されている。当時「五箇条の御誓文」がどのように解釈されていたかは、翻刻を通覧すれば誰にも判るので説明を要しない。ただ、初めの方（一連符号イ）に記されている『太政官日誌』は、原文により引いておこう（片仮名を平仮名に改め、（ ）内に私注、句読点等を加え、改行を／印で詰めた）。

『太政官日誌』第二（慶応四年三月）

三月十四日、南殿（紫宸殿）に於て／天神地祇《ちぎ》御誓祭《せいさい》被レ為レ在、公卿《くぎょう》・諸侯会同、就約《やく》の次第、左の如し。

一、午の刻、群臣着座／公卿・諸侯、母屋《もや》。殿上人、南廂。徴士、東廂。

一、塩水行事／神祇輔勤レ之〔吉田（良義）三位侍従〕

一、散米行事／神祇権判事勤レ之〔植松（雅言）少将〕

一、神祇督着座〔白川（資訓）三位〕

一、神於呂志《おろし》神歌／神祇督（伯カ）勤レ之。

一、献供／神祇督・同輔・同権判事等立列《りつれつ》拝送《はいそう》同輔〔津和野侍従〕点検《てんけん》。

一、天皇出御／御祭文読上《よみあぐ》。／総裁職勤レ之〔三条大納言〕

一、天皇御神拝／親《したし》く幣帛《へいはく》の玉串を奉献したまふ。

一、御誓書読上。／総裁職勤レ之。

一、公卿・諸侯就約。／但、一人宛中央に進み、先づ／神位を拝し／御座を拝し、而後執筆《しっぴつ》・加名。

一、天皇入御。

一、撤供／拝送如レ初。

一、神阿計《あげ》神歌。／神祇督勤レ之。

一、群臣退出。

※この後に「御祭文之御写」「御誓文之御写」「御宸翰之御写」を全文引載している（省略）。

　これによれば、当日、紫宸殿に「天神地祇」を祀って「御誓祭」が行われた。明治天皇の御前において総裁職（三条実美）により「御祭文」と「御誓書」が読み上げられた後、公卿も諸侯も一人ずつ中央に進み出て「神位」と「御座」を拝してから「筆を執り名を加え」ている。

　この誓約署名は、当日参列した高官だけでなく、当時の中下級官人まで含めて七百六十七名に及んだ。その原本は、御物として京都御所の東山御文庫に収蔵されている（宮内省編『明治天皇紀』慶応四年三月十四日条に「今七巻に装幀せる」とみえる）。また、その写本は、宮内庁書陵部の宮内公文館で拝見することができ、さらに東京大学史料編纂所の『維新史料綱要』所載分がWEB公開されている。

なお、この両著が出版後どのように広まり、どのような影響を及ぼしたかも、ほとんどわからない（東大「近代日本法政史料センター所蔵の吉野作造文庫」には両方ある）。

最近、古書で入手した「瀧本豊之輔謹解『五箇条御誓文大意』」（昭和九年三月、東学社、A5判一一六頁）は、末尾に「参考資料」の一つとして「御誓文大意」をあげているが、内容的には「筧克彦氏述『五事の御誓』」（大正十五年十一月、大日本弥栄会）の流れを汲む解釈が顕著にみられる。

ただ、瀧本氏が「御誓文の本質」として、「五箇条御誓文が何人の立案に係るとか……種々の事情の詮索の如き」傾向に注意を促し、「御誓文は……明治天皇様に拠りて発現せられたる肇国以来の国是である。建国の事実信仰を簡単明瞭なる五つの形式に於て宣布せられたるものにして、種々の考証、それ等は……此の事実信仰が実現せらるる材料たるに外ならぬ。」（一六・一八頁）との指摘は、正鵠を射ていると思われる。

（平成二十九年四月二十九日稿）

〔翻　刻〕

御誓文大意

㋐御誓文《ごせいもん》の五ケ条《ごかじょう》は、去《さんぬ》る戊辰年《つちのえたつどし》（一八六八）の三月十四日、西京《さいきやう》（京都）に於《おい》て、天神地祇《あまつかみくにつかみ》を御誓祭《ごせいさい》遊《あそ》ばされて御定《おさだめ》に成《なり》たる御政体《ごせいたい》の基本《きほん》《もと》、御一新《ごいっしん》の目的《もくてき》《めあて》とすべき、至《いたっ》て大切《たいせつ》なる御文《ごぶん》でござるが、

㋑其《その》**御誓祭の次第《しだい》を太政官日誌《だいじょうくはんにっし》**に記《しる》して有《あり》まする趣《おもむき》は、まづ御所《ごしょ》の南殿《なんでん》（紫宸殿）と申《まう》すに神座《しんざ》《かみのござ》を設《まう》け置《おき》て、午《うまの》刻《こく》に至《いた》り、群臣《ぐんしん》悉《ことごと》く着座《ちやくざ》いたし、塩水《えんすい》散米《さんまい》の行事《ぎやうじ》と云《いふ》ありて、次《つぎ》に神於呂志《かみおろし》《かみをむかへる》、また献供《けんく》《そなへもの》の式《しき》を行《おこな》ひ、天皇様《てんのうさま》《てんしさま》出御《しゆつぎよ》《いでまし》あらせられ、総裁職《そうさいしよく》御誓文《ごせいもん》を読《よみ》あげ、天皇様親《した》しく幣帛《へいはく》《みてぐら》の御玉串《みたまぐし》を奉献《ほうけん》《たてまつり》し御神拝《ごしんぱい》在《あら》せられて、次《つぎ》にまた総裁職御誓文を読あげ畢《をはり》て、公卿《くぎやう》諸侯《しよかう》《だいみやう》一人《ひとり》づつ中央《ちうをう》に進《すす》み、先《まづ》神位《しんゐ》を拝《はい》し、次に御坐《ござ》を拝し、而《しか》うして後《のち》に各《おのおの》筆《ふで》を執《とり》て御誓書《ごせい》に姓名を書加《かきくは》へ畢《をはり》て、天皇様《てんしさま》入御《にうぎよ》遊《あそ》ばせられ、撤供《てつぐ》《そなへものをさげる》、また神阿計《かみあげ》《かみをおくる》の式を行ひ、群臣退出《たいしゆつ》いたされたる由《よし》見えて、其**御祭文**は、

㋒懸久毛《かけまくも》恐支《かしこき》／天神国神《あまつかみくにつかみ》乃大前尓《おおまえに》、今年《ことし》三月十四日乎《やよいとをあまりよつかひを》生日乃足《いくひのたり》日登《ひと》撰定天《えらびさだめて》祢宜《ねぎ》申住久《まうさく》、今与利《いまより》天津神乃《あまつかみの》御言寄乃随仁《みことよさしのまにまに》天下乃《あめのしたの》大《おおき》政遠《まつりごとを》執行波無止之天《とりおこなはんとして》、親王《みこたち》卿臣《まへつぎみ》国々諸侯《くにぐにのみこともちども》百僚官人遠《つかさづかさのひとどもを》引召《ひきゐ》

連《つらね》天《て》、此《この》神床《かみどこ》乃《の》大前《おおまえ》仁誓《うけひ》津良久波《つらくは》、近《ちか》起《き》頃保比《ころほひ》、邪者《まがもの》乃《の》是所彼所《ここかし こ》仁荒備武比天《にあらびたけびて》天下《あめのした》佐夜藝《さやぎ》仁《に》佐夜藝《さやぎ》、人《ひと》乃心《のこころ》毛《も》平穏《おだひ》奈良受《ならず》、故《かれ》是以《ここをもて》天下《あめのした》乃《の》諸人等《もろびとども》乃《の》力《ちから》遠《を》合世《あわせ》心《こころ》遠《を》一津仁之弖《ひとつにして》／皇《すめら》我《が》政《まつりごと》遠《を》輔翼《あなひ》奉利《たてまつり》令仕奉給閉止《つかえまつらしめたまへと》、請祈《こひうみ》申礼代《まをしゐやしろ》波《は》横山《よこやま》乃《の》如《ごと》置高成弖《おきたかなして》奉留形《たてまつるかたち》遠《を》聞食弖《きこしめして》天下《あめのした》乃《の》万民《おほみだから》遠《を》治給比《をさめたまひ》育給比《めぐみたまひ》、谷蟇《たにぐく》乃《の》狭渡留《さわたる》極《きわみ》白雲《しらくも》乃《の》随居《おりゐ》向伏限《むかぶすかぎり》、逆敵対者《そむきあだなすもの》波《は》令在給波受《あらしめたまはず》、遠祖尊《とほつみおやのみこと》乃《の》恩頼《みたまのわけ》遠《を》蒙利《かがふり》天《て》、無窮《とこしへ》仁《に》仕奉礼留《つかへまつれる》人共《ひとども》乃《の》今日《けふ》乃《の》誓約《うけひ》尓《に》違波無《たがはん》者《もの》波《は》／天神地祇《てんじんちぎ》乃《の》倏忽《たちまち》仁《に》刑罰《つみなひ》給波無《たまはむ》物《もの》曽止《ぞと》／皇神等《すめかみたち》乃《の》前《みまえ》尓《に》誓《うけひ》乃《の》吉詞《よごと》申《まをし》給波久止《たまはくと》申《まをす》と有ますが、

㋓此《この》大意《たいい》を掻摘《かいつま》んで申さば、今《いま》より天神《あまつかみ》の御言寄《おふせつけ》の通《とお》り天《あめの》下《した》の太政《おほきまつりごと》を執行《とりおこな》はんとして、卿臣《くぎやう》国々《くにぐに》の諸侯百官《しよこうひやくくはん》の人々《ひとびと》を天神地祇の大前に引居つらねて、御祭文仕奉《つかまつ》る次第ハ、近頃《ちかごろ》邪　者《よこしまなるもの》乃是所彼所《のここかしこ》に荒《あら》び騒《さは》ぎて人の心も穏《おだやか》ならざりしが、今般《このたび》**復古の御時世**《ごじせい》と成ては、天下の衆庶《しゆうしよ》《もろひと》各《おのおの》力《ちから》を合《あは》せ心《こころ》を一《ひとつ》にして、皇政《きみのまつりごと》《ごせいじ》を輔翼《たすけたて》奉《まつ》る様に為《なさ》しめ給ひ、一人も逆敵対《そむきあだなす》もの在《あら》しめず、遠親尊《ごせんぞのかみ》の恩頼《みたまのわけ》《ごかんとく》を蒙《かうむ》りて無窮《むきう》に仕奉《ごほうかうする》る人共の中《なか》に、若《もし》も今日《こんにち》の御誓約《ごせいやく》《ちかひ》に違《ゐ》背《はい》する者《もの》ある時は、天神地祇《てんじんちぎ》の忽《たちまち》に刑罰《けいばつ》《おとがめ》を加へ給ふやうにと、御誓詞《ごせいし》《おちかひのことば》を申し上《あげ》て祈請《きせい》し奉ると申す意《こころ》でござりて、此《かく》の如《ごと》く厳《おごそ》かに御誓《おちかひ》あらせられて御定《おさだめ》に相《あひ》なり、今日の急務《きふむ》《せんげならぬつとめ》、永世《えいせい》の基礎《きそ》《どだいいしずゑ》と申すべき御文でござるに因《よつ》て、御誓文とも申したもので、上《かみ》は官省府県《くわんしやうふけん》《やくしよやくしよ》に勤めらるる官吏《やくにん》を始め、下《しも》も一区一村一町《いつくいつそんいつちやう》の長《ちやう》たるものに至るまで、各此を目的といたして職掌《しよくしやう》を尽《つく》し、万民衆庶《ばんみんしゆうしよ》を治めてまゐるは申すまでもなく、庶民末〻《しよみんすゑずゑ》に至るまでも亦《また》これを以《もち》て方向《はうかう》《むき》を定め、上旨《じやうし》《おかみのごしゆい》を守《まも》り職《しよく》業を勉励《つとめはげん》でまゐる事で、万〻《まんまん》一《いち》も此御誓文の御趣意に相反《あいはん》して背《そむ》き違ふものは、天神地祇の罪人《ざいにん》、天皇様の罪人、天下の罪人と相なる事でござれば、苟《いやしく》も我帝国《わがみくに》《にほんごく》の民《たみ》たるものは、貴賤老少《きせんらうせう》の差別なく誰もたれも必《かならず》心《こころ》得《え》て居《を》らる御文《ごぶん》でござりて、此《この》**御一新**《ごいつしん》**の御時世**《ごじせい》に遇《あひ》ながら此《これ》を知らずに居《をる》と云《いう》は、譬《たと》へて見ると、ちやうど闇の夜に提灯《てうちん》なくて逆を歩行《あるく》も同様、吾《われ》とわが往先《ゆくさき》もわからぬと申すやうなものでござる。

㋔右《みぎ》に就《つい》て学問《がくもん》も致さぬ人と、また女童《をんなわらはべ》などの為《ため》に、其《その》大意を誰《たれ》にも聞《きき》とらるゝやう卑《ひく》く取下《とりくだ》して演説《えんぜつ》に及《およ》びまするに因《より》て、銘〻《めいめい》此旨《このむね》をよく確会《がてん》いたされ、段々《たんたん》と高《たか》き所《ところ》にも推及《おしおよ》ぼし考《かんが》へて、所謂《いわゆる》**御政体の基本**《ごせいたいのきほん》を窺《うかが》ひ、御一新の景況《けいきやう》《ありさま》にも通《つう》じ、開化の域に進歩いたさるるが宜《よろ》しいでござる。

第一条《だいいちじやう》

広《ひろ》く会議《くわいぎ》を興《おこ》し万機公論《ばんきこうろん》に決《けつ》すべし。

㋕此条《このじやう》は、衆議《しゆうぎ》を尽《つく》し公論《こうろん》を取《と》ると云《いふ》御趣意《ごしゆい》を御示《おしめし》に相成たる御文でござるが、広く会議を興しとは、御政事向《ごせいじむき》何

事によらず御《お》上《かみ》の思召《おぼしめし》給《たま》ふ所《ところ》のみを以《もつ》ては御《お》定《さだ》め遊《あそ》ばさるる事なく、広く上下《かみしも》の人々《ひとひと》を集会《しうくわい》して評議《ひやうぎ》いたさせ給ふの道《みち》を御《お》開《ひら》きになつたるを、斯《か》やう申したものでござる。

㋖万機公論に決すべしと有《あり》まする万機は、万《よろづ》肝《かん》要《やう》なる御政事と申す事でござりて、総《すべ》て天下《てんか》を御《お》治《おさめ》め遊ばさるる所の御政道《ごせいどう》を申したもので、また公論に決すべしとは、則《すなはち》天地《てんち》の間に行《おこな》はるる所のおほやけなる論に決定《けつてい》いたすべしと申す事でござるが、此おほやけと申す事は、頓《やが》て公《こう》の字の意《こころ》にして、集会評議のうへ何処《どこ》へ持《もつ》て参《まゐ》つても、少《すこし》も差支《さしつかへ》のない道理至極《どうりしごく》なる所を申したもので、

㋗方今《ほうこん》《ただいま》天下の御政道と申すは、則《すなはち》衆議《もろもろのぎろん》を尽したるうへ差支のないおほやけなる所を以て御取極《とりきめ》遊ばさるる事でござりて、御一新以来《ごいつしんいらい》、公議所《こうぎしよ》と云を御設《おんもうけ》に相なり、諸藩《しよはん》より会議をする人々を御召《おめし》遊ばされて、此会議所に於て衆議をいたさせられた事でござつたが、其後に此会議所の称《しやう》を止《やめ》て改《あらた》められ、後にまた此衆議を廃《はい》して、いはゆる太政官《だいじやうくわん》を三局《さんきよく》にのけられて、中を正院《せいゐん》と申し、左を左院《さゐん》、右を右院《うゐん》と申して、其左院・右院を以て会議をいたす役々《やくやく》の詰所《つめしよ》となされ、何事につけても衆議を尽したる上《うへ》にて公《おほやけ》なる論に御決定《おとりきめ》いたす事と相なつたもので、是が前々《まへまへ》とは大《おほき》きに革《かは》つた所で、いはゆる御一新の効《しるし》の顕《あら》はれたと申すものでござる。

㋘なほ往々《ゆくゆく》は百姓《ひやくしやう》・町人《てうにん》の内《うち》からも、此会議をする者を撰《えら》んで差出《さしいだ》させる様《やう》に相なるは勿論《もちろん》、府々《ふふ》縣々《けんけん》及び区々《くく》村々《そんそん》の内までも、此会議をする所が出来《でき》てまゐるに相違ない事で、かの西洋諸国《せいやうしよこく》の如く文明開化《ぶんめいかいくわ》の往《ゆき》わたつた国々《くにぐに》は、此会議が能届《よくとど》いて居《をつ》て、万事感服する事が多いでござる。

㋙我日本《わがにほん》のくにとても、上古《いにしへ》の世には皆斯《か》やうの御定と見えて、既《すで》に古書《こしよ》の中《なか》に八《や》百《ほ》万《よろづ》乃《の》神《かみ》等《たち》乎《を》神《かん》集《つどへ》尓《に》集《つどへ》、神《かん》議《はかり》尓《に》議《はかりし》云々《かくかく》と云語《ご》が多く記《しる》して有ますが、此神集は集会の事、神議は評議の事で、則集会評議を致された確証《かくしよう》《かたいしようこ》でござる。何事も此《かく》のごとく衆議を尽し公論を取りて定むるのが、所謂天地の間に行はるる所の道理《どうり》で有まするに因て、広く会議を興し万機公論に決すべしとは御定めに相成たものでござる。

第二条

上下心《じやうげこころ》を一《いつ》にして盛《さかん》に経綸《けいりん》を行《おこな》ふべし。

㋚此条は、所謂《いはゆる》上下同心《じやうげどうしん》と云べき御趣意を御示しに成たる御文面《ごぶんめん》の如く上《かみ》と下《しも》と協力同心《けふりよくどうしん》《ちからをあはせこころをおなじく》いたすと申す事でござりて、上を恐《おそ》れながら、天皇様《てんしさま》の御事《おんこと》、下は官省寮司《くわんしやうれうし》

府々《ふふ》県々《けんけん》に奉職《ほうしょく》《ごほうこう》いたす所の大小《だいしょう》の役人《やくにん》方、また士農工《しのうこう》商《しょう》四民《しみん》のするゐずるゐまでを申したもので、此四民の末々までも悉《ことごと》く御上《おかみ》と心を一に致すと申す事でござる。

㋛盛に経綸を行ふべしと有ます経綸は、能《よく》すぢみちを立《たて》天下を保護維持《ほごいぢ》《まもりたもち》する事を申したる熟語《ことば》にて、則上下協力同心いたして天下を安全《あんぜん》に治《をさむ》る様に致すべしと申す御文でござりて、かの大小の役人方は申すまでもなく、四民の末々までも、きつと体認《たいにん》《みにうけとめ》いたせねばならぬ御趣意でござる。

㋜然《しか》しながら、天下を安全にをさむると申して、下々としては何《なに》もむづかしい事を致す訳《わけ》ではなく、第一御上の御趣意に遵奉《したがひたてまつ》り、また人《ひと》の人たる道《みち》を明《あきらか》にいたし、つぎには知見《ちけん》《ちゑ・けんしき》を開き開化に進み、何業《なにわざ》にても勉励《べんれい》《たんせい》の力を尽し、身分《みぶん》《みのほど》に応《おう》じたる実効《じつかう》《たんせいのしるし》を立てまゐるだけの事で、日本国中の人々が各々《おのおの》さやうに志《こころざし》を振起《ふりおこ》して勉励の力を尽す時にも、自然《しぜん》と富国強兵《ふこくきようへい》と申して全国《ぜんこく》が繁昌《はんじよう》いたし、武《ぶ》備《び》がととのつて外国《がいこく》《たつとび・うやまひ》のをうくるやうに成てまゐる。さやう成てまゐるのが、則《すなはち》盛に経綸を行ふと申す所でござる。

㋝抑《そもそも》かやう御定に相なつたと申すも、只管《ひたすら》此日本の国が富国強兵となつて外国の凌侮《りやうぶ》《あなどり》をかうむるやうな危《あや》ぶみもなく、上下一般《いつぱん》に幸福《かうふく》《さいはひ》をうけさせんと思召《おぼしめ》し給ふより外《ほか》はない事で、実《じつ》に難レ有い御趣意でござる。しかるに、愚《おろか》な田舎人《ゐなかびと》の中には、かやうに難レ有い御趣意などをば夢《ゆめ》にも知らず、動《やや》もすると御上をそしつたり、御政事をわるく云たりして、御一新の妨《さまたげ》をするものがあると申す事で、愚人《ぐじん》とは申しながら甚の心得違《こころえちがひ》と申すもので、若《もし》もさやうの人を見たならば、懇《ねんごろ》に教導《けうどう》《をしへまなび》を加へて開化の事《じ》情《じやう》に通《つう》ずるやうに致させたいものでござる。

なほ近く申すと、一家《いつか》を治むるも一村《いつそん》を治むるも一国《いつこく》を治むるも皆同じ道理《どうり》でござりて、譬《たとへ》ば此《ここ》に一軒《いつけん》の家《いへ》あり、一家中同心一致《どうしんいつち》いたして掟《おきて》を守り職業を勉め励んでまゐる時にも、自《おのづか》ら衣食《いしよく》《きものくひもの》も足《た》り家法《いへのおきて》もたち他《た》から指《ゆび》もさされぬ様になつてまゐる。是が則一家の富強《ふきよう》《はんじやう》と申すべきもので、又ここに一村あり、上下心を一つに致して御上の御趣旨を守り、職業を勤《つと》め智識《ちゑけんしき》を開き、負《まけ》じ劣《おと》らじと勉励《べんれい》いたしてまゐる時には、自然《しぜん》と人気《じんき》も正しく土地も富《と》み、村法《むらのおきて》も備《そな》はつて、他村の尊敬を受るやうになつてまゐる。此則一村の富強と申すべきものでござれば、大小の差別《さべつ》あるのみにて、一国の富国強兵も此《これ》と同様《どうやう》、国中の人民心を一にいたして勉励いたす所より運《はこ》んでまゐる事でござりて、我帝国《わがみくに》《にほんごく》の往昔《いにしへ》、富強の国威《こくゐ》海外《かいがい》までに輝《かがや》きし御時世と雖《いへども》、全く君親相親しみ、上下相愛《あひあい》し、協力同心いたしたるより起つたるは勿論《もちろん》、かの西洋諸国《せいやうしよこく》の如く各開化をきはめ、富強にほこるも別《べつ》に所謂《いはれ》のある訳《わけ》ではなく、只々《ただただ》国中協同出精《けふどうしゆつせい》《なかよくせいだす》の力を尽す所より今日《こんにち》の形勢《けいぜい》《ありさま》をば相なつたものでござる。

㋞されば、国に貧富強弱《ひんぷきやうじやく》《まづしきつよきよわき》と云事のあるは、専《もは》ら上下一般力を尽すと尽さざるとに因る事で、到底自分々々《つまりじぶんじぶん》の身《み》の上《うへ》に関係《あづか》る事でござれば、各此道理をよく〳〵弁《わきま》へて、いはゆる確乎不抜《かつこふばつ》《しかとしてゆるがぬ》の目的《もくてき》を立《たて》、何業にても勉励の経綸を行ふと云所に適《かな》ふやうに心がくるが第一の勤《つとめ》と申すものでござるに因《よつ》て、上下心を一にして盛に経綸を行ふべし、とは御定に相成たものでござる。

第三条

官武一途庶民《くわんぶいつとしよみん》に至《いた》るまで各其志《おのおのそのこころざし》を遂《とげ》、人心《じんしん》をして倦《うま》ざらしめん事《こと》を要《えう》す。

㋟此条は、公武《こうぶ》を一途にいたし庶民にいたるまでも、不羈《ふき》自由《じゆう》の行《おこな》ひを備《そな》ふべき旨を御示しになつたる御文でござるが、まづ此《この》官武一途と有ますするは、所謂公家武家《いはゆるくげぶけ》を一つに致すと申すことで、中代《ちゆうだい》よりこのかた公家・武家といふものができて甚《はなはだ》しく差別が立てをつたる所を、さやうな陋習《らうしふ》《いやきならひ》をばさつぱりと御改正《ごかいせい》になり、少しも隔《へだて》のないやうに遊ばさると申す意でござる。

㋠庶民にいたるまで各其志を遂、人心をして倦ざらしめん事を要す、とありまするは、かの一つにいたしたる公家・武家は勿論《もちろん》、庶民とまうして農工商《のうこうしやう》の末々《すゑずゑ》にいたるまでも、各随意《ずいい》《こころのまま》に其志を遂しめ、或はいかなる出世《しゆつせ》もでき、いかなる富貴《ふうき》にも至《いた》るやうに遊ばさる人々、負《まけ》じ劣《おと》らじと進《すすみ》み励《はげ》んで倦み怠《おこた》る事の無いやうにするを肝要《かんえう》にいたすと申す事でござる。此が不羈自由とまうして少しも他の束縛《そくばく》《つなぎしばり》をうけず自由自在《じざい》なる所で、農工商の庶民といえども、前々《まへまへ》とは大に違《ちが》ひ志を備《そな》へて勉励《べんれい》いたす時には、何事も成就いたさん、或は華族《くわぞく》・士族《しぞく》《しゆつせい》の上《うへ》にも立るやうに相なり、その身分以前《みぶんいぜん》に百倍《ひやくばい》して重《おも》くなつた事でござれば、御趣意をよく〳〵合点《がてん》いたし、銘々《めいめい》の身分を重きものと思ひ、志を立て力《ちから》を尽すべきの時でござる。

㋡前にまうしたる如く、国力の強《つよ》くなるも御威光《ごゐくわう》の張《はつ》てまゐるも、全く国中の人民悉《ことごと》く不羈自由の行ある所より起つてまゐる事でござれば、とくと爰《ここ》に眼《まなざし》を着《つけ》て、何事に因らず勤労《きんらう》《ほねおり》の力《ちから》を尽し、其分《ぶん》《みのほど》に応じたる実効《じつこう》をたてたるが肝要でござるに因て、官武一途庶民にいたるまで、各其志を遂、人心をして倦ざらしめん事を要す、とは御定めに相なつたるものでござる。

第四条

旧来《きゆうらい》の陋習《ろうしふ》を破り、天地《てんち》の公道《こうどう》に基《もとづ》くべし。

㋢此条は、いはゆる旧弊一新《きゆうへいいつしん》の御趣意を御示しになつたる御文でござるが、此《この》旧来の陋習を破りと有まするは、まづ御政事向《ごせいじむき》何事《なにごと》に因らず旧くより仕来《しきた》りの陋《あし》き習はしが夥《おびただ》しく有まする所を悉く破り棄《すつ》るとまうす事でござる。

㋣天地の公道に基くべしと有まするは、天地の間に行はる所の公《おほやけ》なる道《みち》に基づいて定むべしとまうす意にござりて、万事《ばんじ》旧来の陋習を破り棄て正《ただ》しい方に正しい方にと御改正《ごかいせい》《おあらため》に相なる事で、此上もなく宜《よろ》しき御趣意でござる。然《しか》る所を、不開化《かいくは》な田舎《いなか》の人を見まするに、動《やや》もすると自分々々《じぶんじぶん》の腹《はら》の中《なか》に染着《しみつい》たる旧習《ふるきくせ》を破り棄るといふ事をとんと知らずに居《を》つて、其染着たる陋習を以て定木《じようぎ》をいたして、当今《ただいま》の大政《ごせいじ》を彼此《かれこれ》と誹謗《ひぼう》《そしり》いたすものが有まするが、此はいはゆる杓子定木《しやくしじようぎ》と申すもので、甚《はなはだ》の心得違でござる。

㋤熟々《つれづれ》我帝国《わがみくに》、古今時世《ここんじせい》《むかしいまときよ》の沿革《えんかく》《うつりかはり》を考《かんがへ》へまするに、**上古**《いにしへ》**の御定**は何れも正しく致して、よく天地の道理《だうり》《ことはり》に適《かな》つてをつた事で有まするが、数千歳《すせんざい》の年月《としつき》を重《かさ》ぬるに従《したが》つて漸々《だんだん》に変革《へんかく》いたしてまゐつて、是までのやうに変な景象《ありさま》とはなり果《はて》たもので、譬《たと》へば昔《むかし》は髪《かみ》を結《ゆ》ふ事なく月代《さかやき》を剃事《そること》なく、衣類《いるい》は筒袖《つつそで》にして裾《すそ》をつけず、脚《あし》には股引《ももひき》やうのものを着用《ちやくよう》《きもの》致し、また武士だの平民だのといふやうな差別《さべつ》なく、両刀《りやうとう》を帯《たい》するものも無《なか》つた所を、いつとなく遷《うつ》り変《かは》つて、武士と平民との隔《へだて》が起り、両刀を帯たるものができ、衣類に裾をつけ袖を濶《ひろ》く致して着《き》る様《やう》になり、髪をゆひ月代をすることが始《はじ》まつたやうな訳《わけ》にて、何事も沿革《うつりかは》つて昔とは大に相違《さうゐ》いたしてまゐつた事でござる。

㋥因《よつ》て、其《それ》を追々《おいおい》と正しい方に改正いたしてまゐる事で、まづおひつきの武士といふものを廃《はい》《やめ》し、**四民同じやうに遊ばさるるの法**をたてさせられ、人の風俗《ふうぞく》は昔の通《とほ》り月代を剃らず髪をゆはず衣服《きもの》の袖を窄《せま》くいたしてまゐると云類《たぐひ》は、皆天地間《ちのうち》の道理に適つて、いはゆる開化の風俗でござれば、彼是といふべき所は少しもない事でござる。大名国主《だいみやうこくしゆ》などいふものも、もし無つた者で有まするに因て、御廃止《ごはいし》に相なつたも、いはゆる天地の公道にかなひ、当然《とうぜん》《あたりまへ》の御趣意とまうすべきもの、穢多《ゑた》・非人《ひにん》などいふ名目《みやうもく》も、古《ふる》くは無つたものでござるに因て、平民になされたも、人情《にんじやう》にかなふ所にいたして、実に至当《しとう》《ごもつとも》の御所置《ごしよち》《おとりあつかひ》と申すべきもので、猶《なほ》此外にも平民に苗字《みやうじ》を御免になり、或《あるい》は死のものへは、神道葬祭《しんたうそうさい》を御許《おゆる》しになり、また僧侶に肉食《にくじき》・妻帯《さいたい》勝手《かつて》たるべき旨を仰せ出されたる類《たぐひ》が、甚多《おほ》くありまするが、皆同様《どうやう》のわけで、例《れい》の染着たる陋習をさつぱりと洗《あら》ひ去《さ》つて、所謂《いはゆる》活眼《くわつがん》《いきたるまなこ》を開いて見る時には、**御一新以来の御変革**と申すもの、愕《おどろ》くべき事は一つもなく、事々件々《じじけんけん》《ことごとく》皆手を拍《うつ》て感服欣悦《かんぷくきんえつ》《かんじいりよろこび》する事ばかりでござる。

何事も右の如く旧くよりしきたりの陋《いや》しき習はしを悉《ことごと》く破り去つて、断然《だんぜん》《はつきりと》御改正遊ばさるる事でござるが、因つて旧来の陋習を破り、天地の公道に基くべしとは、御定めに相なつたものでござる。

第五条

智識《ちしき》を世界《せかい》に求《もと》め大《おほい》に皇基《くわうき》を振起《しんき》すべし。

㋦此条は、智識を世界に学びとつて、大に皇基を振起《ふりおこ》すといふ御趣意を御示しになつたる御文でござるが、この智識を世界に求めと有まする智識は、いはゆる**才智見識**《さいちけんしき》のことで、世界に求めは、世界中《せかいじゆう》の宜《よろ》しき所をば悉《ことごと》く学びとつて御用《おもち》ひに相なり、上下一般《いつぱん》の才智見識を開《ひら》き給ふやうに遊ばさるるを申したものでござる。大に皇基を振起すべしと有まするも、天皇様《てんしさま》の御職分《おしよくぶん》として天下を無窮《むきゆう》に統御《おをさめ》遊ばさる御政道《ごせいどう》の基本《きほん》を盛大《せいだい》《さかん》に振起《ふりおこ》すべしと申す事でござる。

㋧抑《そもそも》神代《かみよ》のむかし、天祖《てんそ》《あまつみおや》天照大御神様《あまてらすおほみかみさま》の詔《みことのり》以《もち》て、皇孫《すめみま》瓊々杵尊様《ににぎのみことさま》を此国土《このくど》の大君《おほきみ》と御定に相なり、天降《あまくだ》り遊ばさるる時に、葦原《あしはらの》千五百秋《ちいほあきの》乃水穂《みづほの》国《くに》者《は》、是吾《わがこらの》子孫《つぎつぎ》可《べき》レ王《きみと》之《なる》地《くに》也《なり》。宜《また》二爾《いまし》皇孫《すめみま》就《いでまし》而《て》治《をさめ》一焉。行矣《ゆきたまへ》、宝祚之降《あまつひつぎのさかえまさむを》、当《べし》下与二天壌《あめつちと》一無窮《とこしへなる》上者矣、と**神勅**《しんちよく》《みことのり》あらせられたるこそ我《わが》天皇様の天壌《あめつち》と与《とも》に窮《きはま》りなく此国土を治《をさ》めたまふところの基本、即《すなはち》**皇基**の因て起るところでござる。

然《しか》しながら、瓊々杵尊様《ににぎのみことさま》御創業《ごさうげう》の基《もとゐ》を御開きに相成たるをはじめ、御歴代《ごれきだい》《だいだい》の天皇様方にいたりても、時として皇業《くわうげう》を起したまへる御事迹《ごじせき》《ことがら》を考《かんが》ふるに、いづれも名輔賢佐《めいほけんさ》《かしこきひと》のたすけによらざるはない事で、況《いはん》や方今《はうこん》、復古の御時世と相まつて、大に此皇基を振起し、国威《こくゐ》《くにのゐかう》を四方に輝《かがやか》さんと遊ばさるるの時でござりて、第一智識《ちしき》《さいちけんしき》の輔翼《ほよく》《たすけ》をうるにあらざれば、成就《じやうじゆ》すること能《あた》はざる所より、広く**人材登庸**《じんざいとうよう》《さいあるひとをあげもちふる》**の道**を開かせられ、または外国人《くわいこくじん》を御庸《おんやとひ》入《いれ》に相なり、盛《さかん》に諸州《しよしゆう》の学《がく》を興し、あるひは留学生を御《お》遣《つかは》しに相成て、世界の宜《よろ》しき所をばもらさず学びとり、上下一般の才智見識をひらきたまふやうに遊ばさるる事で、実に深謀遠慮《しんぼうえんりよ》《ふかくとほくおもんぱかる》の御定と申すべきものでござる。

㋨されば、今の御時世に生れたるものは、誰《いづれ》もこの御趣意を目的《めあて》といたして、所謂旧習を去り知見《ちけん》を開き世界万国の形勢《けいせい》《ありさま》に通じ、開化日進《につしん》の域《いき》に進《すす》み、報国《ほうこく》《くににむくゆる》の志をつきて、大に皇基の振起つてまゐるやうにと心懸《こころがく》べき事でござる。前にも申したるが如く、上《かみ》に於《おい》ては上下同心と云べき御趣意を御示し遊ばされ、下々《しもじも》には不羈自由《ふきじゆう》の行あるべき所以《ゆゑん》を御定に相なつたも、全くこのゆゑでござるに因て、智識を世界に求め、大に皇基を振起すべしとは、御定に相なつたものでござる。

我国《わがくに》未曽有《みぞうう》の変革《へんかく》を為《なさ》んとし、朕躬《ちんみ》を以《もつ》て衆《しゆう》に先《さき》んじ天地《てんち》神明《しんめい》に誓ひ、大《おほい》に斯国是《このこくぜ》を定《さだ》め、万民保全《ばんみんほぜん》の道を立《たて》んとす。衆亦此旨趣《しゆうまたこのしゆ》に基《もとづ》き、協心努力《けふしんどりよく》せよ。

年号月日（慶応四年三月十四日）御諱（睦仁）

ハ此一章《このいつしよう》は、御誓文五ケ条を御定め遊ばさるるに就《つい》て、天皇様の仰せ出されたる御綸言《ごりんげん》でござるが、我国未曽有の変革を為んとて有ますは、我国古昔《むかし》よりいまだ嘗《かつ》て有《あら》ざる所の変革を施《ほど》こし給はんとしてとまうす意でござるが、実に此御一新の御事業《ごじげふ》《ごじせき》と申すものは、瓊々杵尊様《ににぎのみことさま》降臨《あまくだり》あそばされてより以来《このかた》、いまだ有ざるところの大変革と申すべき程の事でござる。

ヒ朕躬を以て衆に先んじと有まするは、恐《おそれ》多くも天皇様御《ご》自身《じしん》、衆庶万民の先導《せんだち》《さきみち》をならせ給ふと申す意でござるが、至尊《しそん》《たふとき》の御身《おんみ》を以て何故《なにゆゑ》かやうに万民の先立《さきだち》となり、艱難《かんなん》辛苦《しんく》を厭《いと》はせられず、古来《こらい》未曽有の変革を施し給ふ事であると申すに、天祖《てんそ》天照大御神《あまてらすおほみかみ》さまより言寄《おさづけ》に相成つたる天下を大切《たいせつ》にいたし、万民保全の道を立んと思召《おぼしめし》給ふの外はない事で、まことに有難《ありがた》い御趣意でござる。

フ天地神明に誓ひと有まするは、天神地祇《あまつかみくにつかみ》に御誓ひを立させられてと申す事で、則御誓約《ごせいやく》あらせられたるを申したものでござる。

ヘ大に斯国是を定めと有まする**国是**は、国に是《よろ》しき掟《おきて》をまうす事で、いはゆる御誓文《ごせいもん》・御宸翰等《ごしんかんなど》の御旨意《ごしい》にもとづいて方今《いま》の御時世《みよ》に相応《あひかな》ふ国の**憲法**《おきて》を盛に御定め遊ばされたを、かやう申したものでござる。

ホ**万民保全の道**を立んとすと有まするは、天下の万民を能《よく》保護《ほうご》《しゆご》して安全《あんぜん》ならしむるの道を立んとし給ふ事であるとまうす意で、此万民保全の道を仰出《おふせごと》されたる所によく眼《まなこ》を着《つけ》て、ありがたい御趣意の程を弁知《がてん》いたすが宜しいでござる。

マ衆亦此旨趣に基き、協心努力せよと有まするは、汝《なんじ》衆庶万民も亦此旨《このむね》に基づき奉つり、心《こころ》を協《あは》せ努力《つとめ》せよと仰せられたる御綸言の趣《おもむき》でござる。

今やこの御綸言に遵《したが》ひ奉りて協心努力するものの、日々《ひび》月々《つきづき》に加《くは》はる所より、追々《おいおい》開化に進み国威も立ち、天下一般保全の御恩沢《ごおんたく》を蒙るやうに運んでまゐると申すものは、全く御一新の盛挙《せいきよ》《さかんなるわざ》を施《ほどこ》されたるより起つたる事で、此上もない　厚い御仁恵《ごじんけい》《おんめぐみ》とまうすべきものでござる。

勅意宏遠、誠に以て感銘に不堪《たえず》。今日の急務、永世の基礎、此他《このた》に出《いづ》べからず。臣等《しんら》、謹《つつし》んで叡旨《えいし》を奉戴《ほうたい》し、死《し》を誓ひ黽勉従事《びんべんじゆうじ》、冀《こひねがは》くは以《もつ》て宸襟《しんきん》を安んじ奉らん。

慶応四年戊辰三月

総裁《さうさい》　名印

公卿《くぎやう》／諸侯／各名印

㋯此章《このしやう》は、総裁・公卿・諸侯の方々、前《まへ》の御綸言《ごりん》に答《こたへ》奉りて御誓約申上《ごせいやくまうしあげ》たる御文でござるが、勅意宏遠、誠に以て感銘に不堪と有まするは、今般《このたび》仰せ出されたる勅《みことのり》の御趣意は、宏《ひろ》く遠《とほ》く慮《おもんぱか》らせ給ふ事に致して、孰々《つらつら》窺《うかが》ひ奉ると、骨髄《こつずひ》にしみとほりて堪かぬる程《ほど》厚い思召で有まする意でござる。

㋰今日の急務、永世の基礎、此他に出べからずと有まするは、今日御一新を施《ほど》こし給ふの時に当りて、急にいたさねばならぬ務《つとめ》、また永世《ながきよ》までの基礎《どだいいしずゑ》と云も、此御趣意の外には決して有ますまい、と申す意でござる。

㋱臣等、謹で叡旨を奉戴し、死を誓ひ黽勉従事と有まするは、臣等《わたくしども》謹でこの御趣意を戴《いただ》き奉り、命《いのち》をかけて御誓ひ申し、黽《つと》めはげみて御奉公仕つると申す意でござる。

㋲抑《そもそも》天皇様御自身《ごじしん》、衆庶万民の先《さき》に立《たた》せられて千辛万苦《せんしんばんく》遊ばさるる程の事でござれば、誰《たれ》が之《これ》を傍観《ぼうくはん》《よそみ》するといふ理《ことわり》あるべき、各《おのおの》命をかけて従事《ごほうこう》致すべきは勿論のことでござる。

㋳冀くは以て宸襟《こころ》を安じ奉らんと有まするは、上に申したる如く、命にかけて御奉公仕つり、冀くはさばかり天下万民を深《ふか》く思召させ給ふ宸襟を御安心《ごあんしん》させ奉るやうに仕つりませうと御誓約《ちかひ》まうし上たる意の御文でござるが、此御文の旨意《むねしい》は、下々《しもじも》一般《ばん》の上にまでかかる事に致して、誰もたれもかやう心得なくては相すまぬことでござる。

㋴然《しか》る所を、片田舎《かたいなか》などには、御上《おかみ》の御趣意思召にそむいて守らぬのみならず、彼此《かれこれ》と誹謗《ひぼう》《そしり》いたし、或《あるひ》は御政事の障碍《さまたげ》をいたすものもあると申す事で、実《じつ》に恐《おそ》れ入たる事でござる。

苟《いやしく》も我帝国《わがくに》の民《たみ》と生れて人心《じんしん》をそなへたるものは、貴賤《きせん》上下《じやうげ》を問はず老若男女を論ぜず、必《かならず》此御文の旨《むね》を体認《たいにん》いたして、謹で叡旨を奉戴し、死を誓ひ、黽勉従事、冀くは以て宸襟を安んじ奉らんと目的《もくてき》をたて、厚《あつ》き御恩徳《ごおんとく》の万分一《まんぶんがいち》も報ひ奉るやうにと心懸《こころがく》るが第一の御奉公と申すべきものでござれば、各《おのおの》とくと領解《がてん》いたさるるが宜しいでござる。

御誓文大意終

㋵（奥付）（広告）**御宸翰大意**　近刊

書　肆　東京　和泉屋市兵衛（八名中略）

伊豆三嶋　小西又三郎

御宸翰大意序

楢葉《ならのは》の名におのの宮の古《ふり》にし歌《うた》に、梢《こづえ》のみあはぎ見えつゝ、箒木《ははき》の本《もと》を本より知《し》る人《ひと》ぞなき、と賦《よめ》ることの如く、総ての事《こと》は何《なに》にあれ、大概《おふかた》うち見《み》えたることは誰《たれ》やし人も知らざるにはあらねども、別《こと》に其事の起《おこ》れりし大本《おふもと》を、残《のこ》る限《かぎり》なく真曲《まつぶさ》に明めえたる人は、をさを稀《まれ》になむ有《あり》ける。

されば、此大政《このおおきまつりごと》の始《はじめ》に我天皇《わがすめらみこと》の宇豆《うづ》の御手《みて》以《も》て染《そめ》給《たま》ひし宸翰《みふで》の詔《おふみこと》は、食《をす》国《くに》天下《あめのした》の上《かみ》中《なか》下《しも》の人等《ひとども》の尽《ことごとく》、固《もと》より其叡《おふみ》慮《こころ》の慶《よろこば》しき貴《たふと》き理《ことはり》は知らざるにあらざらめれと、

今《いま》しかく咲《さく》花《はな》の薫《にほ》ふが如《ごと》く真盛《まさかり》に美《めで》たく開《ひら》けゆく皇政《みまつりごと》の古《いにしへ》に立復《たちかへ》れることの遠《とふ》き源に遡《さかのぼ》りつゝ、覓求《まきもと》めむとしも思《おもひ》寄れる人の最乏《いとども》しき世の中《なか》なるに、筑後の国人吉田強介は、さる世の習《なら》えをも心《こころ》とせずして、即《すなは》ち是れの書《ふみ》を著《あらは》して、天皇の宸翰に述賜《のべたま》ひし大詔《おふみこと》の本旨《もとのむね》をば、浅茅原《あさちはら》委曲《つばら》に説明《ときあか》して、食国の民《たみ》は賢愚《かしこしおろか》の差《けじめ》なく皆悉《みなことごと》に知弁《しりわきま》へしめむと、甚足《いとまめ》やかに物《もの》せられたるは、これも亦彼事《またかのこと》の起《おこ》れりし大本を悟得《さとりえ》せしむべき一端《かたはし》なるべしと、此書の世に出来《いでこ》しことを悦《たの》しみ喜《よろこ》びがてらに、かくなる。

／正六位田中頼庸／佐藤得所書□□

御宸翰大意

筑後　吉田強介謹述

①此御宸翰《しんかん》は、神武天皇紀元二千五百二十八年即《すなは》ち　今上天皇御即位《そくい》の翌歳《よくとし》慶応四年戊辰の三月十四日、畏《かし》こくも今上天皇の深き御仁恤《じんぢつ》にて、億兆を安撫し、国威を宣布遊ばされ度《たく》　叡慮《えいりよ》を以て天下の百官諸侯と共に天地の神祇《じんぎ》を御誓祭《せいさい》遊ばされ、**五ケ条の御誓文**書《かか》せられ、**皇政一新の本基**を立させられ、第一御政事の肝要《かんやう》たる人民の意嚮《いきやう》は如何にぞや、外国の交際《こうさい》は如何にすべき、何れにても従来の姿《すがた》にては万民の君たる御職分も立ち難く、且つ向後《かうご》の目的《もくてき》も立たざれば、先づ**君民の親み**を厚《あつ》ふして、**上下同心**することも急務《きうむ》ぞと思し召さるることより、斯くも畏こき御宸翰遊ばされしなり。

苟初《かりそめ》にも皇国《みくに》の民たるもの、誰か之を感載《かんたい》せざらんや。臣不肖なりと雖ども、聊《いささ》か　聖旨の在る所を管窺《くわんき》して、之が大意を謹述《きんじゆつ》し、以て天下の同志に示すこと爾《しか》り。

(ア)**朕《ちん》、幼弱《ようじやく》にして大統《だいとう》を紹《つ》ぎ、爾来《じらい》何を以て萬国に対峙《たいじ》し、列祖《れつそ》に仕《つか》へ奉《たてまつ》らんやと、朝夕恐懼《きようく》に堪《た》へざる也。**

①臣(強介)謹《つつしん》で按ずるに、**朕**とは、至尊《しそん》自《みづか》ら称するの言《ことば》にして、昔は誰も彼も用ひし字なりしが、書経《しよきやう》の大禹謨《たいうぼ》などに、天子の言に朕の字を用ひしより、秦《しん》の始皇帝の二十六年に、此字は天子ならでは用ひぬことと定められたり。

②**大統**とは、畏こくも天照大神《あまてらすおほみかみ》の皇孫《すめみま》を天下の大君《おおきみ》と定め玉ひし時、葦原《あしはら》の千五百秋瑞穂《ちいほあきみづほ》の国は、吾が生《う》みの子の王《きみ》とますべき地《くに》なり。爾皇孫《いましすめみま》、就《いでまし》て知《しろ》しめせ、宝祚の隆《みさかえ》は、天壌《あめつち》と共に無窮なるべし、と詔《のり》玉ひてよ

り、五世の皇孫神倭伊波礼毘古命《かむやまといはれひこのみこと》、神聖英武《しんせいえいぶ》の君にましまし、都《みやこ》を大和《やまと》の橿原《かしはら》に定め玉ひしより二千五百二十餘年にして、今上天皇まで一百二十三世、一系聯《けいれん》綿《めん》として、実に天壌《あめつち》と窮りなき御位《みくらい》を大統とは申し上ぐる也。

今上天皇は、孝明《こうめい》天皇の御子にましまして、御諱《いみな》を睦《むつ》仁《ひと》と申し上げ奉り、御歳十六の冬十二月、御父天皇の崩御《ほうぎょ》に遭《あ》ひ玉ひて、翌年慶応三年の正月、猝《にわ》かに御即位遊ばせし故に、朕幼弱にして猝かに大統を紹ぐ、と仰《おほ》せらるゝなり。

③ さて、この御宸翰は、其翌年の事なるが、先帝の御代嘉永六七年の頃《ころ》よりして、合衆国《あめりかこく》の使船《しせん》しばしば関東に迫り交易の事を請《こひ》ければ、先帝深く宸襟《しんきん》を悩まし玉ひしかど、時勢《じせい》と云ひ條理と云ひ、止むを得ざる機《き》会《くわい》にて、旧幕《きうばく》府と合衆国と交際の條約を結《むす》ぶ事となり、横浜を始め其処此処《そここここ》に港《みなと》を開《ひら》き貿易《ぼうえき》の法を立てたりしに、去年 弥《いよいよ》 旧幕府も政権《せいけん》を返上し奉り、**皇政復古《ふくこ》**仰せ出されし上は、殊更《ことさら》に**萬国の親睦《しんぼく》**を厚ふし玉はねばならぬ事となりければ、如何にして彼の萬国に立ち並《なら》びて行くべきぞ、と宸襟を煩《わづら》はされ、且つ政権武門に帰して殆《ほとん》ど一千有余年、弊習多き人民を如何にして開化せしむべき。百二十余代の祖宗歴聖《そそうれきせい》に如何にして事《(つかへ)》まつり奉るべきぞ、と朝《あさ》な夕《ゆふ》なに恐《おそ》れ多く思ふぞやと仰せらる事にして、実に感泣《かんきう》に堪ざるなり。

④ さて**萬国**とは、総《そう》じて云へば全地球《ぜんちきう》上の国々なれど、之を大別するときは、亜細亜《あじあ》・欧羅巴《ようろつぱ》・亜米利加《あめりか》・亜《あ》佛利加《ふりか》・豪斯多羅利亜《おうすたらりあ》の五大州にして、其亜米利加の内なる合衆《めりけん》国を始として、欧羅巴の英吉利《いきりす》やら佛朗西《ふらんす》やら魯西亜《おろしあ》・日耳曼《ぜるまん》・和蘭《おらんだ》など、既に條約を結びし国も十余国に及びたり。是等の国々は、何れもみな日々月々に文化に進《すす》み、萬里の波涛《はとう》も平地《ひらち》の如く渡り来て交りを結ぶことなれば、我大日本も、亜細亜中の堂々《どうどう》たる帝国《ていこく》にして、殊に萬国無比の国体なれば、彼の国々と交りて一点《てん》も恥《は》ぢざる様遊ばされ度《(たし)》との　聖旨也。臣民、誰か奉戴《ほうたい》せざらんや。

(イ) 竊《ひそか》に考《かんがふ》るに、中葉朝政衰《おとろへ》てより、武家権を専《もつぱ》らにし、表《おもて》に朝廷を推尊《すいそん》して、実は敬《けい》して之を遠《とう》ざけ、億兆の君たるも、唯名のみに成り果《は》て、其が為に今日、朝廷の尊《そん》重《ちよう》は古《いにしへ》に倍《ばい》せしが如くにて、朝威は倍衰《ますますおとろ》へ、上下相離るること霄壌《あめつち》の如し。かゝる形勢にて何を以て天下に君《くん》臨《りん》せんや。

⑤ **中葉**とは、中世といふに同じ。保元平治の頃《ころ》をいふ。**朝政**とは、朝廷の政事といふ事なり。『標注職原抄《ひようちうしよくげんしよう》』別《べつ》記《き》を按《あん》ずるに、朝廷とは早朝に出仕する所なるよし、

⑥

舒明《じよめい》記《き》(紀)及《およ》び今昔物語《ものがたり》を引き考證《こうしよう》せり。然れども『爾雅』の注には、臣の君に見《まみえ》るを朝といふとあれば、早朝に参《まい》るといふことにも非ざるべし。**政**は祭事《まつりごと》と訓《くん》じ、古は天皇と神と同殿にましまして**祭《さい》政一致《せいいっち》**なりし故なり。

さて朝権の**武門**に移《うつ》りしは、実に保元平治の争乱《そうらん》より源頼朝《みなもとのよりとも》の総追捕使《そうついぶし》に任ぜらるゝに基《もとい》を固《かた》めしことなれども、朝政の衰へしは、全く藤原氏世々外戚《がいせき》の威を以て推柄を恣《ほしい》ままにせしに本《もと》づけり。而して源氏も、また北条氏に専横《せんわう》せられ、終《つい》に親王を奉じて之を木(本)主の如くし、表向《おもてむき》は皇室を推《お》し尊《たつと》むが如くして、其実は朝廷をして国政に手を着けざらしむる様、之を京師に推し籠《こ》め置《お》き、論語に鬼神《きしん》を敬して之を遠ざくと云ひし如くに取《と》り扱《あつか》ひて、億兆千萬大勢の民の君と称し、大日本国六十余州の至尊といふも、誠に名のみの事になり、果《はたし》て億兆の人民は如何なる有様なるや、六十余州の地方は誰《た》が手に領せるやも知り得られざる程《ほど》に推し上げられ、其れ故に朝廷の尊重なることは、神武天皇以来聞《いらいきき》も及ばぬほどなれども、上下の間《あいだ》いやましに離《はな》れ隔《へだ》たり、天地の如き違ひになり、果て武家はいよいよ威権に誇《ほこ》り、天下自から封建の姿《すがた》をなし、億兆の人民も将軍の武威は鬼神の如く恐れをののけども、朝廷は如何なるものにや、天皇は何事を遊ばすことが、露聊《つゆいささか》も知り得られぬ様なりゆきぬ。且つ**武家**も、北條より足利《あしかが》、足利より織田《おだ》・豊臣《とよとみ》・徳《とく》川《がは》と、姦雄佞武《かんゆうねいぶ》代《かは》る代る起《おこ》り、中には朝廷を敬して遠ざくるのみならず、兵馬を以て至尊に敵《てき》し奉り、詭謀《きぼう》を逞《たくま》しふして天皇を幽閉《ゆうへい》し奉り、実に天日地に落《お》ち、天下黒暗《くらやみ》の世となりけり。臣等、今猶《な》ほその歴史《れきし》を読《よ》む毎《ごと》に、歯《は》を切《きりしば》りて慨歎《がいたん》せざるはなし。

⑦

斯《かか》る朝廷の姿にては、億兆の君たる職掌も立ち難《がた》く、何の面目ありて我こそ天子なり此處こそ朝廷なりとて、天下萬民の上に立つべきぞと、深く御慨歎《なげき》遊ばさるる也。実に畏こき御事ならずや。

(ウ)**今般、朝政一新の時に膺《あた》り、天下億兆一人もその處《ところ》を得ざる時は皆朕《みなちん》が罪《つみ》なれば、今日の事、朕自《みづか》ら身骨《しんこつ》を労《ろう》し、心志《しんし》を苦《くる》しめ、艱難《かんなん》の先に立ち、古列祖《いにしへれつそ》の尽させ玉ひし蹤《あと》を履《ふ》み治蹟《ちせき》を勤《つと》めてこそ、始て天職を奉じて億兆の君たる所に背《そむ》かざるべし。**

⑧

さて武家の権勢は、上に述《の》べし如く、日にまし盛《さかん》なるに従《したが》ひ、終に驕奢《きようしや》に誇《ほこ》り怠惰《たいだ》に陥《おちい》り、千百の弊害《へいがい》涌《わ》くが如く起《おこ》り、天下の人民ますます其《その》抑制《よくせい》を厭《いと》ひ、民心漸《よう》やく離散し、政務殆《ほとん》ど齟齬《そご》せり。

⑨

之に加《くは》ふるに、嘉永六七年以来、外国の交際いよいよ威にして、内外の事務《じむ》日々月々に多端《たたん》なる時節に当り、斯る驕奢怠惰の政府にては容易《ようい》に治め得べからざる場合に陥り、実に天下の大患《くわん》これより甚しきはあらず。これ先帝の深く御宸憂《しんゆう》遊ばされし所以なり。

⑩然るに　今上天皇御即位の年冬十月、内大臣徳川慶喜、天下の形勢止《や》むことを得ざるを察し、将軍職を辞《じ》し、**大政を返上**し奉れり。此に於て、此年十二月、尽く天下の諸侯を京都に召《め》し寄《よ》せられ、この月の十月、始て皇政復古遊ばさるるの旨を布告せられ、舊来《きうらい》の摂政《せつしやう》関白《かんぱく》を廃《はい》し、総裁《そうさい》・議定・参与の三職を置せらる。翌年三月、御誓文及びこの御宸翰遊ばすこととはなり。

⑪さて保元・平治已来、凡そ七百余年の間、武家に専横《せんおう》せられたる大政も、今日天運循環《てんうんじゆんくわん》の時に膺り、かく復古中興遊ばされ、天下萬機《ばんき》の政務、尽く至尊の御親裁遊ばすこととなりし上は、実に**天皇は億兆の君**たる名実相合《あいかな》ひしなれば、此の上は、天下萬民の苦楽《くらく》を御一身に御引受遊ばして、下々の小民に至るまで、凡そ大日本の民たるものは皆御子の如く思し召さるること故に、萬民の中、一人にても幕府の時の如く抑制《よくせい》に苦しむものや、冤罪《むじつのつみ》に陥るものなどある時は、これ皆億兆の父たる朕《われ》一人の不行届《ふゆきとどき》なるより起れることにて、朕より外に此罪に当《あた》るもの無きことなれば、今日中興一新の事につきては、何事も朕自身《じしん》と身骨《みほね》を労し心志《こころ》を苦しめ、艱難なることは天下萬民の先立となりて、崇神《しゆじん》天皇の詔《みことのり》に、我皇祖、諸天皇の宸極《しんきよく》に光臨したまふは、豈《あに》一身の為ならんや、と仰せられし如く、我身一人の為ならず、天下萬民の為に、総じては一百二十余代の御歴代、別しては神武《じんむ》・崇神《しゆじん》・仁徳《にんとく》・天智《てんち》・桓武《くわんむ》諸聖帝《しよせいてい》の御世平かに治まりし如く、億兆の君たる義務《つとめ》をつくしてこそ、始て天日嗣《あまつひつぎ》の職掌にも恥《はづ》かしからぬ事なるべし、と仰せらるるなり。

(エ)往昔《むかし》、列祖萬機《れつそばんき》を親《みづか》らし、不臣のものあれば自ら将として之を征したまひ、朝廷の政、総《すべ》て簡易《かんい》にして、此の如く尊重ならざるゆへ、君臣相親《あひしたしん》で上下相愛し、徳澤天下に洽《あまね》く、国威外海に輝《かがや》きしなり。

⑫昔し、神倭伊波礼毘古命《かむやまといはれいひこのみこと》、一たび東征し玉ひて、都《みやこ》を大和《やまと》に定め玉ひしより、保元・平治の前に至るまで凡一千七百年間、御代御代の天皇、**親《みづか》ら萬機を聴断《ていだん》**し玉ひて、治乱すべて天皇の御掌中にありしかば、もし四海の中一人も朝旨に背《そむ》き萬民の害《がい》となる者ある時は、天皇みづから大将となりたまひて、天下百姓のうち戦《せん》争《そう》の役《やく》に立つものを召し集《あつ》めさせられ、之を兵隊となして征伐せしめ、以て天下の害を除き、其事すでに鎮《しづ》まれば、都《みやこ》に還御《くわんぎよ》ありて政を執り玉ひ、兵役の者も故《もと》

の如く家に帰りて、或は農を務め或は工をなし、別に武家だの武士だのといふ威権がましきものある事なく、何事も簡便容易にして、近来の如く尊大貴重の事ならざるゆへ、君臣の間も自ら親《した》しく、上下の交りも相互《たがひ》に愛憐《あいれん》して、

⑬ **仁徳天皇**の難波《なには》の宮に御世しろしめせし時、天下の民の貧《まづ》しきを悲しく思《おぼ》し召《め》し、三年のあいだ年貢《ねんぐ》諸役《しよやく》を御免仰せ出され、宮中の御節倹《せつけん》は、畏こくも御殿《てん》の御屋根は雨《あめ》もりて御衣《ころも》は破《やぶ》れたれ共、御修復《しゆふく》も遊ばされざりしに、三年の後、百姓の稍《やや》富栄《とみさかえ》えたるを知ろしめし、深く御喜《よろこ》び遊ばされしかば、天下の百姓みな涙《なみだ》を流《なが》して御恩に感じ、我も我もと馳《は》せ集《あつ》まり、宮殿の御修復も忽《たちま》ちに出来たりしと。

⑭ 又**醍醐《だいご》天皇**は、寒《さむ》き夜に百姓の難義ならんことを思し召し、朕のみ斯くあたたかに臥《ふ》すべきかはとて、御衣を脱《ぬ》ぎすて玉ひしことある如く、上下の間まことに親しく聖君の徳化《とくくわ》、末々《すゑずゑ》まで洽《あま》ねかりし故、

⑮ 仲哀天皇崩御《ほうぎよ》の後、息長帯日売命《おきながたらしひめのみこと》、大后《おほきさき》の御身にて新羅《しらぎ》の国迄《まで》征討《せいたう》し、国の威光を外国に輝《かがや》かしたまひしも、皆上下相親むより出来しことならずや。

⑯ 然るに其後、漸《ようや》く政権藤原氏の手に専《もつぱら》にして、四方に軍事《いくさ》ある時は、源平二氏のものに命じて之を伐《う》たしめ、己れ等は徒《いたづ》らに都の風月に安逸を偸《ぬす》み居りしより、自ら彼の源平二氏の勢威《いきほいさかん》にして、これより武士といふもの始まりしや。

⑰ 終《(つい)》には**藤原氏**のみが、畏こくも天日嗣《あまつひつぎ》の大君まで国の政事に手を著ることならざる様に推し上げられ、果ては国威を外国に輝《かがや》かす心なきのみならず、港《みなと》を鏁《とざ》して一人も外国に交ることを許《ゆる》さざるに至りし也。それ故に、国内の事すら弊害多きことなれば、外国などの事は如何なるものにや、夢にも知らずありしなり。口おしかりしことならずや。

(オ) **然るに近来、宇内《うだい》大に開け四方に相雄飛《ゆうひ》するの時に当り、独《ひと》り我国のみ世界《せかい》の形勢にうとく、旧習を固守《こしう》し一新の効《こう》をはからず。朕徒《いたづら》に九重《きうてう》の中《うち》に安居《あんきよ》し、一日の安きを偸《ぬすみ》、百年の憂《うれひ》を忘《わす》るる時は、遂《つい》に各国の凌侮《りようぶ》を受け、上は列祖を辱《はづかし》め奉り、下は億兆を苦しめん事をおそる。**

⑱ 上に述べし如く、寛永の頃よりして、外国の往来を禁ぜられしもの故に、**世界の様子**は如何なるや知らずにありし。其間に、**宇宙間の国々**は、日にまし文明開化の域《いき》に進み、政事・教法は云ふも更《さら》なり、刑典《けいてん》・兵《へい》法《ほう》・医術・工藝、九百のことみな、旧《ふる》きを捨《す》て新しきに就《つ》き、蒸気船を造《つく》りて萬里の波涛も暫時《ざんじ》に渡《わた》り、電信機を架《かけ》ては千百里の路《みち》を隔《へだ》つるも瞬間《またたくあいだ》に便《たより》を通ず

るなど、其他《そのた》鎖細《ささい》の事に至るまで簡便自在にして、国富《とみ》家豊《ゆた》かに、人民各〻その業《わざ》にはげみ、相互に往来《ゆきき》して物貨《ぶつくわ》を交易し、終に未だ人の住《す》み得ざる島《しま》を検出《みいだ》し、或は野蛮《やばん》の地を開拓《かいたく》し、日にまし国を弘《ひろ》め家を富《と》まし、四方に雄飛《ゆうひ》といふを鳥のかけるが如くに往来し、寸暇《すんか》をすてず事業をつとむる時節に当り、

⑲唯《ただ》独り我が日本国のみ更に萬国の様子も知り得《え》ず、天皇は徒《いたづら》に天つつらにかたどれる九重《ここのえ》の宮中に安居して、天下の諸侯は相互《たがい》に私意《しい》を逞《たくまし》ふし、之を改め一新するの計《はかり》ごともあることなく、依然《いぜん》として昔しのままなる風俗《ふうぞく》を固く守りて変ずることを知らず、彼れは蛮夷《ばんい》なり、我が国は神国なり、萬国は鉄砲《てつぽう》を用ゆる共われは弓矢を以て戦はねばならぬなどと、彼の神風《かみかぜ》をのみ頼《たの》み居り、その日過《ひすご》しに安逸《あんいつ》を貪《むさぼ》りなば、是れ一日の楽みに百年の苦みを忘るるといふものにて、果ては萬国の侮《あなどり》を受け、今まで夷狄《いてき》と卑《いやし》め彼れらに凌《しの》ぎ辱《はづ》かしめらるに立ち至り、恐れ多くも、上は百二十餘代の歴《れき》聖《せい》に対《たい》し奉り、下は三千七百万人の民百姓に憂《う》き目を見することに成りゆかば如何にすべきと、これのみ恐しく思ふぞやと仰せらる〻なり。

⑳嗚呼《ああ》、我国中古《ちうこ》唐土《もろこし》の制に模倣《もほう》して萬機を執り行ひ玉ひしより、日々月々に文化にすすみ萬国に比類なきほど一応《いちおう》は開けたりしも、朝政の衰ふるに従て、上下みな驕奢《きようしや》の弊に陥りて、開化の歩《あゆみ》も中途にして進み得ず、終に次第に却歩《きやくほ》せり。剰《あまつ》さへ**鎖港《さこう》の陋習《ろうしう》**に至りては、遂に半開の域《さかい》を出ること能はざる也。

㉑之に反して、萬国は我国鎖港《さこう》せし頃よりして、ますます開明に進歩して、今日の隆盛にいたりしなり。嗚呼、かれは日にまし進み行き、我は日にまし退き去りし勢なりければ、今更《いまさら》物事《ものごと》を彼れに学び用ひねばならぬ事となりけるは、実に口おしかりしことならずや。

㉒さるからに、凡そわが国の民たらん人は、此上ともに**世界萬国の形勢**によく通暁《つうぎよう》し、古今の事跡《せき》、内外上下の状態《じようたい》を審《つまびら》かにし、必ずしも昔しをのみ善き事と拘泥《こうでい》せず、上下内外相親み、一新の実効《じつこう》をあぐるに志を尽しなば、冨国強兵《ふこくきようへい》の萬国に譲《ゆづ》らざるに至れるも、豈《あに》亦《また》何《なに》の難きことならんや。

(カ)**朕、ここに百官諸侯と広く相誓《あひちか》ひ、列祖の御偉業《いぎよう》を継述《けいじつ》し、一身の艱《かん》難辛苦《しんく》を問はず、親から四方を経営《けいえい》し、汝億兆を安撫し、遂には萬里の波涛を開拓し、国威を四方に宣布し、天下を冨嶽の安きに置かんことを欲す。**

㉓百官とは、『事物紀原《じぶつきげん》』に、唐虞《とうぐ》に至て官を建る、ただ百故に歴代百官と称すといふに依れば、初め官を百人に定めし故に、後の世の人員をましたれども、やはり

旧称に従て百官といひし由なり。

諸侯は、我国古よりこれありしに非ず。上にもいへる如く、中世朝政おとろへてより、源平二氏に属する武士ども、追々に武威を以て地方を押領《おうれう》し、終に封建の姿をなせしなり。然るに近古より、皆それぞれの祿高《ろくたか》を定め、大名と称して幕府の指揮《しき》を受けて、其国々を守り居る事となれり。

㉔ さて今般、既に幕府も辞職に及び皇政復古仰せ出されしに就て、斯く百官・諸侯と共に天地の神祇に誓《ちか》ひを立て、御代々の御世知《し》ろしめせし偉大《いだい》なる御事業を継《つ》ぎ述《の》べて　天皇自ら御一人の艱難辛苦は問はせられず、東西南北の隅《すみ》ずみまで手を尽して経緯営繕《けいいえいぜん》し、汝等《なんぢら》億兆千萬の民百姓を安らかに撫育《ぶいく》して、追々は萬里の海《うみ》を打越《うちこへ》て外国までもきり開き、大日本国の威光を世界五洲《ごしう》の国々に輝《かがや》かし、天下の人民を富士山の如何なる風にも雨あられにも少しも動《うご》かぬ巍《ぎ》々たるが如く、安《あん》穏治平《ちんちへい》に為したきものぞ、との御綸言《ごりんげん》なり。

(キ) 汝億兆、旧来の陋習《ろうしう》に慣《な》れ、尊重のみを朝廷の事となし、神州の危急《ききう》をしらず。朕一たび足を挙ぐれば、非常に驚き種々の疑惑《ぎわく》を生じ萬口紛紜《ふんうん》として、朕が志を為さざらしむる時は、是れ朕をして君たる道を失はしむるのみならず、従《したがつ》て列祖《れつそ》の天下を失はしむる也。

㉕ 此御文は、更《さら》に天下萬民に対し実に親しき勅詔《ちよくしよう》にて、朕がかくまで思ふ心情《こころね》を能く能く弁《わきま》へ明めて、汝等億兆千萬の民百姓も、昔より仕来りの陋固《ろうこ》なる卑《いやし》き習はしや風俗をのみ好き事と思ひ、唯々朝廷は尊《たうと》み重《おもん》じさへすれば宜しきとなし置て一新開化の何物たる顧《かえり》みず、我が神国の危《ふきう》きも内外事務の急なるをも知らずして、

㉖ 朕一たび都をたち出て、或は民の害たる賊徒《ぞくと》を征し、或は国の為めに外国公使に接見する等の事あれば、尋《よの》常《つね》ならざることの様に之を驚き、千人萬人口々に彼れ此れと物騒《ものさわ》がしく言ひなして、終には非理を訴《うつた》へ無道に陥る等のものあらば、何れも民安らかなれ国平かなれと思ふ朕が志も、水の泡となり行き、到底《つまり》、瓊々藝《ににぎの》天皇巳来、一系聯綿《いつけいれんめん》たる国体《こくたい》も亡《ほろ》ぶる事に立ち至ることなれば、能々道理を弁へてよ、との仰せなり。

(ク) 汝億兆、能々朕が志を体認《たいにん》し、相率《あひひきゐ》て私見《しけん》を去り、公義を採《と》り、朕が業を助けて神州を保全し、列祖の神霊《しんれい》を慰《い》し奉らしめば、生前《せいぜん》の幸甚《こうじん》ならん。

㉗ 上に段々《だんだん》述べし所の御趣意《しい》を能く々々各ゝの身に引つけて、相共に手を引きあふて、自分一己《じぶんいつこ》の了簡《りようけん》を除き去り、天下公共の義理を取り、至尊のかくまで思し召さるる御志を感載《かんたい》し、中興復古の御事業を聊《いささ》かなりとも助《たす》け補《おぎな》ひ奉り、二千五百年たる神の御国を保《たも》ち全《まつと》ふ

して、百二百余世御歴代の神霊を慰《なぐさ》め奉る様、天下萬民相共に朝夕心掛《あさゆふこころが》けられなば、実に生て帝位を践《ふ》み**億兆の君となりし朕が幸《さいはひ》**、亦たこれより甚しきはあらざるなり、との勅詔也。

㉘ さて、此御文に仰せらるる、私見を去り公義を採《と》りと申すことは、御誓文にも第一着にあげたまへる「萬機公論に決すべきこと」と仰せられし通りにて、天下の治乱も、国の盛衰《せいすい》も、民の苦楽《くらく》も、皆この公私の二字にあることとなり。さればこの二字の義を能く々々弁へざる時は、進では国の利害に関《あづ》かり、退ては己れの得失に係《かか》るなり。

㉙ 蓋し**私**は、わたくしと訓じ、自分一人の事を云ふなり。**公**とは、共なりと註し、おふやけと訓じ、天下萬民凢そ人間《にんげん》仲間《なかま》誰《だれ》にも彼《か》にも差支《さしつかひ》なく共にせらるる事をいふ也。さて私といふものは、元来己れ一人の事ゆへ、一人の身に取りては誠《まこと》に勝手《かつて》のよきことにても、他人と共にする事はならぬなり。また公といふものは、自身一人には思ふままに行かねども、萬国萬民誰れ人と共にしても御互に決して差支の無きものにて、是れその権利と義務の分るるゆへん、政刑・教学の審《つまびら》かにせざるべからざる所以なり。然るに、人生れながらにして之を知るもの無き故に、先づ**教と学とを以て人間第一の急務**となす。若し人教なき時は、己れの情慾《じようよく》をのみ恣《（ほしい）》ままにして、他人の差支には聊かも心を用ひざるものにて、到底《とうてい》禽獣はもとより教ゆべき様も無きゆへに、己れの情慾のみ恣ままにして、此に一碗の食を得れば相争ふて之を食ひ、弱きものは決して食ふことを得ず。もし強《つよ》きと強きと寄《より》合《あ》ふ時、相互に戦ひ争ひ噬《か》みあふて、互に傷《きづ》を受け命《いのち》を落《おと》して止むといふに立ち至る。これ皆公といふことを知らざる故也。人の禽獣に異なるや、之れを教へて権利と義務といふ事を知らしむ。

㉚ この**権と義に公利の別あり**。私の権義は之れを民法と名づけ、公の権義は之れを国法と名づくるなり。仮令《たとへ》ば、君は民を保護《ほうご》して国を治むるの義務ある故に、民より其入費《にうひ》の為め租税《そぜい》年貢《ねんぐ》を出さしめて、その政令を守らしむるの権利あり。民は君の保護を受けて安全に己れの職業をなすの権利ある故に、年貢を納め賦役《ふえき》を勤《つと》むるの義務なきを得ざるが如し。是国法上の公権・公義なり。

又己れ一人の上にて決して他人の邪魔《じやま》妨《さまた》げにならざる上は、己れの勝手になし得べき権利あり。さるからに、己の邪魔にならぬ事がらは、決して他人に手を下すべからず。且つ人間の交《まじはり》たるを互に相助くるの義務あるべし。

近くは一家の中、父子兄弟夫婦の間だより隣《とな》り近所はいふも更なり、一村一国に至るまで、朋友仲間の諸約《しよやく》束《そく》尽《ことごと》くみな之を民法上の権義となす。中に就て心に思ひ口に嘶《はな》す等の事がらは、他人の邪魔にならぬほどの事ならば、如何様なることを思ふとも、何等の事を嘶《(はな)》すとも、みな私権といふものにて、決して他人より妨げらるる道理なきなり。

㉛これ等の様子、能く々々弁へ知りて、自分一己の私見にして他人の差支になる事は、尽く除き去りて、天下萬民相互に助けあふて国の太平をなす様に、あふやけなる義理に本づきて各の職業を務むるは、則ち民百姓の国に対する大切の義務なりと知るべき也。天下の民、みな尽く此の如くの心になり行きてこそ、**天下太平・国家安穏《あんおん》**といふものなれば、至尊これを生前の幸甚なり、と仰せらるるなり。

(ケ)**右、御宸翰の通り、広《ひろ》く天下億兆蒼生《そうせい》を思食させ給《たま》ふ深き御恵《けい》の御趣意に付、末々の者に至る迄《まで》、敬承《けいしよう》し奉り、心得《こころえ》違《ちがひ》無レ之、国の為に精々其分を尽すべき事。**

三月　総裁／輔弼《ほひつ》

㉜此一段の御文は、總裁・輔弼の諸公、御宸翰の御趣意を天下の萬民に告示するの御文にして、右の如く深き思し召しなる故に、下々小前のものまで、敬《つつし》み承《うけたまは》り奉りて了簡《りようけん》違《ちが》ひせぬ様、大日本国の為め、其身其身の身分に応《おう》じ、精々忠義を尽すべしとの意なり。

㉝**総裁・輔弼**といふは、御一新の初めに置かれたる重役《おもやく》の名なり。此時の總裁は有《あり》栖《す》川《がは》帥宮《そつのみや》にて、副總裁は三條大納言、輔弼は岩倉《いわくら》右《う》兵衛督《へうえのかみ》と中山前大納言の二人なり。三月は即ち慶応四年戊辰の三月十四日、御誓祭の時也。此年九月八日改元ありて明治元年となれり。

㉞さて此御文の結末《けつまつ》にある「**其分を尽くす**」といふ事は、誠に人間世界肝要《かんよう》のことにして、君となり民となり権利を保ち義務をつくすといふも、皆この分を尽すの外はなきなり。冀《こいねがは》くば天下萬民もろともに、長者は長《なが》く、短者は短《みじか》きままに、各《おのおの》その分《ぶん》相応《そうおう》に力を尽くし、相生養して以て天理人道を全ふせんことを祈《いの》るになん。

(奥付)

明治八年三月廿七日許可

東京芝赤羽根／書林　山口屋佐七

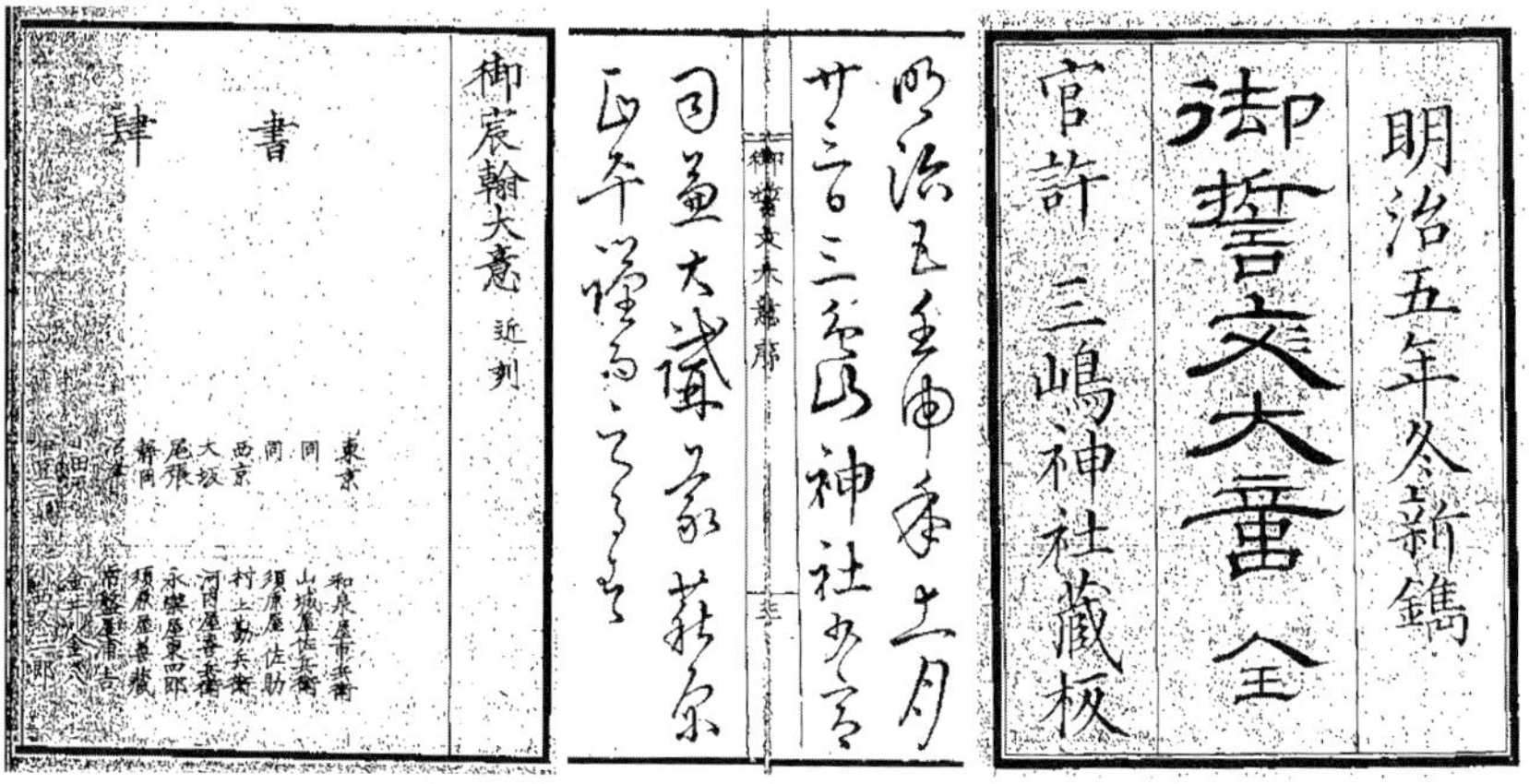

萩原正平著『御誓文大意』表紙（右）と自序（中）と奥付（左）

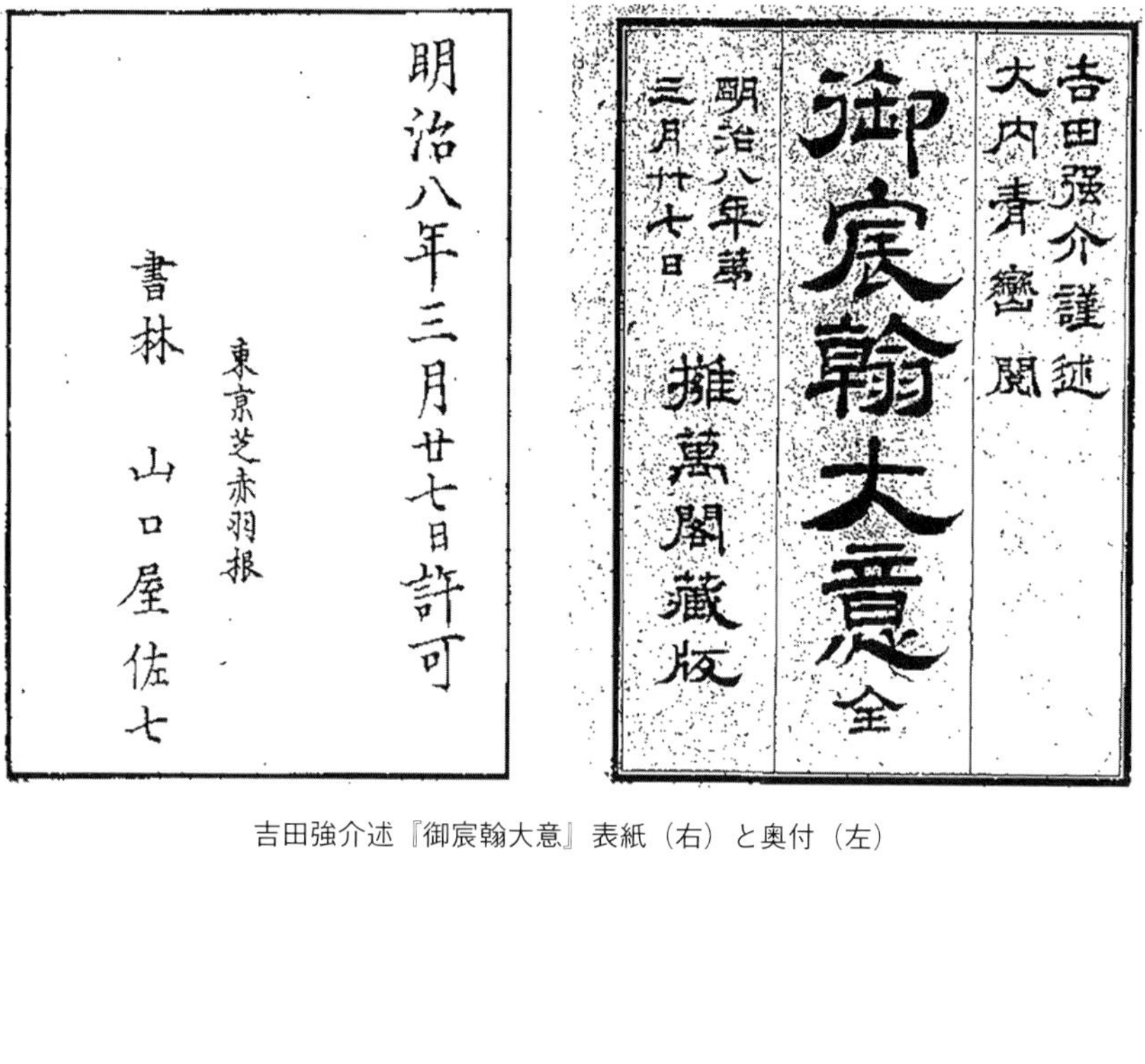

吉田強介述『御宸翰大意』表紙（右）と奥付（左）

四　金子堅太郎講述「五箇条御誓文の由来」

※これは、大正五年（一九一六）金子堅太郎（第四次伊藤内閣の司法大臣、のち枢密顧問官、当時六十三歳）が國學院大學で行った講演の記録で、『國學院雑誌』第二三巻第二号（大正六年二月発行）に掲載されている。原文を少し読み易くするため、小見出し（一〜七）を立て、句読点や「　」を加え、改行を多くし、漢字の一部を平仮名に改め、冗言を少し省いたりした。

諸君、本日は当大學の御請待に依りまして、一場の講演を致しますお約束を致しました。我が學友の山田新一郎君が、私に「五箇条御誓文」の由来を講演するやうにと御依頼でございました。此の「五箇条の御誓文」は、六千萬の日本臣民は悉く知つて居つて、今更ら何も講演の必要はなく、殆ど五十年間、國民の脳裡に浸染して毫も忘るる事の出来ない御誓文で、事新らしく我輩が此の席に於いて演説する必要はない。

然るに、四五年前（明治四十三年）より政府に於て維新の史料の湮滅する事を憂へまして、「維新史料編纂会」を開かれて、維新の当初より國事に盡瘁せられたる元勲其の他の人を以て其の職員に当てて史料の蒐集に着手致して居りまする。不肖我が輩が、井上馨侯爵の後を承けて総裁の任を

金子堅太郎伯爵（嘉永６年〈1853〉～昭和17年〈1942〉）

辱うして、日夜此の事業の完成する事に心を砕いて居つた所が、昨年（大正四年）の十一月に至つて、従来「五箇条の御誓文」の由来の世に公になつて居る以外の史料が顕はれ出でたるに依り、孰《いず》れの時か之を世に発表して、尚一層「五箇条の御誓文」の精神と、其の来歴とを知らしめたいと、羨望して居つた。

　はからざりき、山田君の請求に依りて、國學院大學、殊に日本の國體及び皇室と離るべからざる大學に於て、此の一場の講演をするのは、私の最も光栄とする所、又私の最も希望する所。満場の諸君に於て既に御承知の事であるかも分らぬけれども、或いは御承知でないかも分らぬ、此の「五箇条の御誓文」の各条項が如何に変転して、以て今日世に現はれて居る御誓文になつたかと云ふことまでの沿革を、諸君に今日お話したならば、諸君の身体には殆ど戦慄せざるを得ざる寒気が立つだらうと思ひます。

　何も今更ら私が事新しく云ふに及ばぬが、「五箇条の御誓文」だけ見れば、それは何もさまでの事はないが、其の沿革を私が取り調べてからは、実に一言一句、皆な維新の元勲が愛國忠臣の精神を以て起草し、「五箇条の御誓文」となりて、明治天皇の御裁可を仰いで詔勅として現はれ出て、我が日本の國是が確定したのである。

私は是より「五箇条の御誓文」の各項に就てお話をしますが、或は少しく御屈託か知らぬけれども、緩くりお話をしまするから、其の積りで清聴を瀆したいと思ひます。

一　由利公正の起草した原案

「五箇条御誓文」に就ては、是までは子爵由利公正（当時は三岡八郎）、子爵福岡孝弟（当時は福岡藤次）の両人で起草されたが、どちらが初めてであつたか、それが判らなかった。ところが、維新史料の編纂を始めましてから初めて此の事が明瞭になつた。

由利公正子爵（文政12年〈1829〉～明治42年〈1909〉）

それは由利子爵の死後（明治四十二年から数年後）、維新史料の編纂員が由利家に行き「五箇条の御誓文」に関する材料に付きお尋ねしたところ、未亡人の曰く「主人が生前に私に向ひ是は自分が年来大事にして居った三億である――三億と言つたら或いは若いお方は御承知ないかも知らぬが、昔は三億と言って、大きな紙入様のものが有つて、金銭・重要書類等を入れて懐中して居つた――其の三億を昔から自分も携帯して居つたが、之をお前に遺物

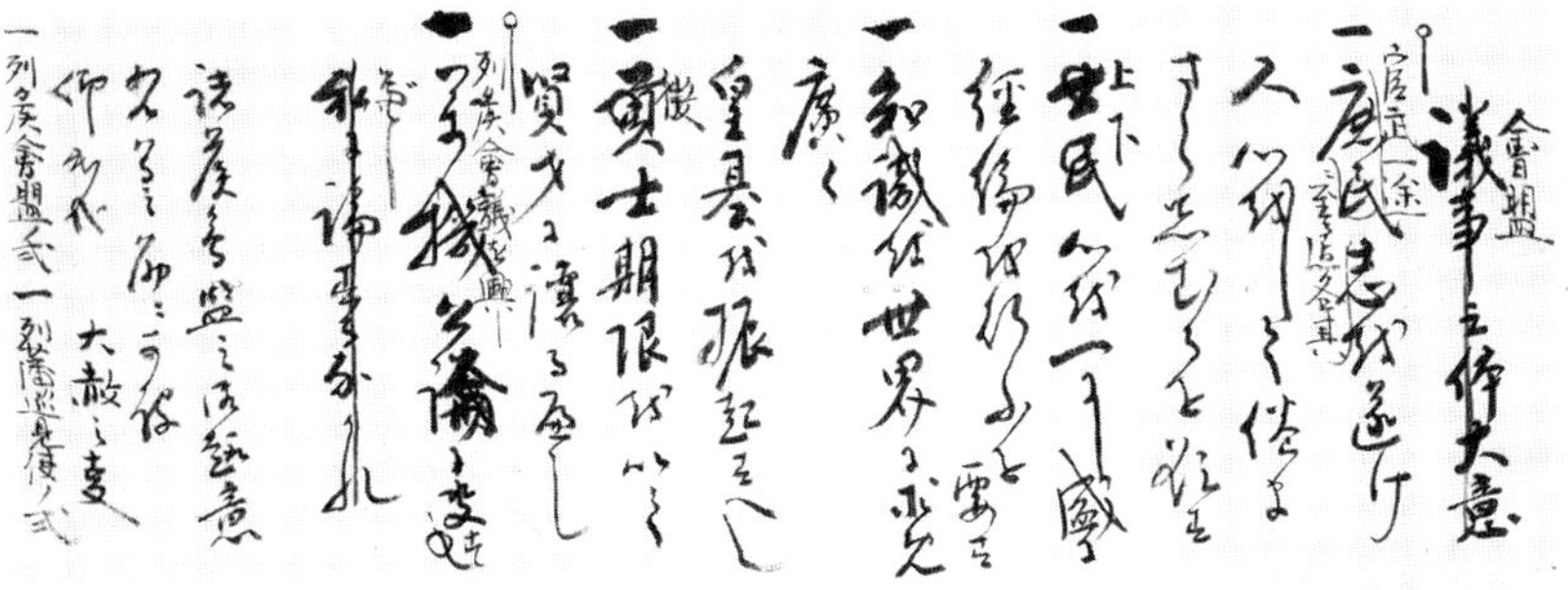

「議事之体大意」由利公正筆、福岡孝弟修正加筆（福井県立図書館所蔵）

として遣るから、どうか保存して置けと云うて、死ぬ前に私に手渡した三億がある。併し是は未だ開いて見た事もなく、其のまま主人の遺物として貴重にして保存して居るが、或いは其の中に何かあるかも分らぬから御覧下さい。」と云うて編纂局のものに其の三億を見せられた。

それで、其の中を段々見てをつた所が、「五箇条の御誓文」の最初の草案が出て来た。珍しいから編纂局で写真銅版として置いたのである。種々書き直して筆が入つて居るが、茲に私が読みます。最初は由利子爵が自筆を以て起草せられたのであります。

其の最初の第一案を読みますからお聴き願ひたい。

議事之體大意

一　庶民志を遂げ、人心をして倦まざらしむるを欲す。

一　士民心を一にし、盛に経綸を行ふを要す。

一　知識を世界に求め、広く／皇基を振起すべし。

一　貢士期限を以て賢才に譲るべし。

一　萬機公論に決し、私に論ずるなかれ。

と云ふ五箇条であつて、其の末文に

諸侯會盟の御趣意、右等之筋に可レ被二仰出一哉。大赦の事

一　列侯會盟ノ式／一　列藩巡見使ノ式

と云ふのが由利公正子の原文《ママ》でございます。それから、何が故に此の如き事を由利子が書いたかと云ふ事に就き、段々当時の事実を取調べてみますと云ふと、……慶應三年（一八六七）の冬、徳川慶喜が大政を奉還した時に、由利子は京都に上つて、荐《しき》りに王事に奔走された。其の時の情況に付、由利子の話された所に依れば、一日由利子は岩倉具視公を訪ねて、「王政維新になつたに於ては、王政維新の名分方針を一つお定めなさつて、天下に布告なされなければならぬ」と云ふ事を迫つた。

　ところが、岩倉公は「先づ廟議を尽した上で」と云ふ返事をされたから、帰りましたが、途中でフト考へた。「我が輩は岩倉公に名分方針の決定を迫るが、若し岩倉公が「然らばお前は何かそれに就き案があるか、俺は何もないがお前に案があれば授けよ」と云ふお尋ねがあつた場合には何と答へよう。……と云ふ考がフト途中で浮んだから、自分の宿屋岡崎屋敷に帰るや否や、筆を執って鼻紙に自分の思ふ事を書いたのが、即ち「五箇条の御誓文」の起源である。

　是が即ち私が只今読上げた原案である。先づ斯う云ふ沿革である。岩倉公からお尋ねがあつたら出してみようと云ふ由利子の考であるから、それ故、今読んだやうに「右等之筋に可レ被二仰出一哉」

と書いてある、是れ全く岩倉公からお尋ねがあつた場合に、「斯う云ふ様な方針をお定めになつて國民にお示しになるが宜しからう」と云ふだけで、「五箇条の御誓文」などと云ふ考はなく、唯「議事之體大意」とある。

つまり、朝廷に於て、皆が寄つて各般の政事に付き議事をして決定する大意――「五箇条の御誓文」と云ふ名称は跡から附けたものである。不幸にして由利子は死なれたから、私は此の起草の精神を尋ねることができなかつた。

さて、明治の初年に当り、（※前掲「議事之體大意」五条の全文を再び引用してあるが、省略）と云ふ五箇条を書いて、斯ふ云ふ風に名分方針を定めておやりになつてはどうか、と云ふ訳である。

二　横井小楠「国是三論」の影響

由利子の此の案を一見すると、実に越前の有志家と会合して、時世に付き種々談論をした。横井平四郎（小楠）は元来漢學者であつたから、越前の士族が横井に附き経書の講義を聴いた。横井は其の時、経書を説くと同時に、当時の日本の時勢に就いても経書を引用して説いたが、大変に越前の士族が感服した。其の聴衆の中に三岡八郎（後の由利子爵）が在つて、殊に平四郎の説に感じて、自ら横井平四郎に随行して肥後に行き、尚ほ横井に就きて教を乞ひたいと言つて、子弟の約束を結び、将に出立せんとしたのであったが、故ありて嘉永四年（一八五一）には随行が出来なかつた。

其の後、横井平四郎は度々越前侯（松平春嶽）から政治の顧問に来いと云うて案内を受けましたが、平四郎曰く、「士は二君に仕へてはならない。私は肥後細川侯の家臣であつて、越前侯の招聘に応じて行く訳には往かぬ」とて断つた。それでも越前侯の要求が真に熱誠であつた為に、安政五年（一八五八）三月、横井平四郎は肥後藩主細川侯（韶邦）の命を奉じて越前に行つた。

然るに、其の時春嶽侯は、幕府の嫌疑を受けて江戸にて幽閉の身となつて居られた。併し自分の相続人の越前侯（松平茂昭）に手紙を遣つて、「横井平四郎が細川侯の命を奉じて来たならば、十分の体を以て待遇し、家老の取扱を以て政治の顧問にせよ。而して都て政治の事は此の人に相談せよ」との懇篤なる手紙を送られたからして、平四郎は家老の格を以て待遇せられた。

横井小楠（文化６年〈1809〉～明治２年〈1869〉）

此の時に当り、横井平四郎は、越前の政治の方針が未だ定まらない為め、先づ之を定めなければならぬと云うて「國是三論」と云ふ論文を起草した。是は『横井小楠遺稿』の中にありますが、万延元年（一八六〇）に「國是三論」は著述になつて居る。是は越前の國是を定むる為めに著はしたもので、可なり厚い本です、私も読みましたが、却々当時の事情をよく書いてある。

而して三岡氏は、先年来の関係からして始

終横井に私淑して居つて、非常に横井の説に感服した人である。それから万延元年正月に、横井が肥後の沼山といふところに塾を開いて書生を集めて講義をして居る時にも、三岡八郎（由利子）・青山小三郎（後ち男爵青山貞）等は、始終肥後に行つて其の教を乞ひ、又横井も度々越前に行つて講義をした。

此の如く三岡八郎（由利子）と横井平四郎とは子弟の関係がある。この関係を脳裏において「国是三論」を閲読せしに、其の論文中に斯う云ふ事が書いてある。

茲に私が抜粋して参つたから、今之を一読するからお聴きになると、「五箇条の御誓文」の原案中にある平民主義の出所が始めて分ると思ひます。

是は此の間「維新史料編纂会」で採集した材料に依り、段々それからそれへと辿つて調べた私の意見である。或は是れ以外に由利子爵は何処からか彼の平民主義の説を聞かれたかも知れぬが、此の「國是三論」は由利子爵などが最も熱心に読まれたらうと思ふ。今其の一章を朗読せん。

メリケンに於ては、（ジョージ・）ワシントン以来「三大規模」を立て、一は、天地間の惨毒殺戮に超えたるはなき故、天意に則て宇内の戦争を息るを以て務とし、一は、智識を世界萬國に取て治教を裨益するを以て務とし、一は、全國の大統領の権柄、賢に譲て子に伝へず、君臣の義を廃して一向公共和平を以て務とし、政治治術其の他百般の技芸器械に至るまで、凡そ地球上善美と称する者は悉く取りて我が有となし、大に好生の仁風を揚げ……

茲に「智識を世界萬國に採つて治教を裨益する」とあるは、恰度「五箇条の御誓文」の「智識を世界に求め、広く皇基を振起すべし」とあるのと酷く似て居る。其の次に、

英吉利に有つては、政体一に民情に本づき、官の行ふ所、大小となく必ず悉く民に譲り、其の便とする所に隋て其の好まざる所を強ひず、出戒・出好（宣戦・講和の事）も亦然り。

此の一章は御誓文にある「萬機公論に決す」と云ふ文句と其の意味を同うするものなり。即ち英吉利の政体は、一に民情に本づき、官の行ふ所、大小となく必悉く民に譲り云々と、其の精神を同うするものなり。

此の「國是三論」を由利子爵が横井平四郎から聴かれて、大に横井の感化を受けられた事は、吾々の想像出来ぬ程と思ふ。此の如く横井小楠に私淑して居た由利子の事ならば、又如何に亜米利加の共和政治や英吉利の君民同治の政治に心を傾けられたかが解る。此の如き境遇にある由利子爵が、五箇条の草案を書いたのである。

三　福岡孝弟による修正

「五箇条の御誓文」の起草の順序に付き、由利子の談話に依れば、同子は初め彼の草案を太政官

福岡孝弟子爵（天保６年〈1835〉～大正８年〈1919〉）

へ持つて行つて、福岡藤次氏（即ち子爵福岡孝弟君）に「福岡さん之を一つ見て下さい」と云うて渡した。それを福岡さんが見て、由利子爵と二人で修正し、福岡さんが其の修正の文字を書き入れられた。

其の修正に依れば、先きに「議事の體大意」とあつたのが「會盟」となつて居る。第一項には、先きは一番終りにある「萬機公論に決し、私に論するなかれ」と云ふ句を、福岡さんが「列侯会議を興し、萬機公論に決すべし」と修正して、「私に論するなかれ」の一句を削られた。

第二項に、「官武一途庶民に至る迄各其志を遂げ、人心をして倦まざらしむるを欲す」と修正し、「官武一途」の四字と「に至る迄各其」の六字を福岡さんが自筆で書き加へられた。

第三項に、「士民心を一にし」と云ふのを「上下心を一にし」と直された。第四項に、「智識を世界に求め、広く　皇基を振起すべし」と云ふのは、由利案の通り。

第五項に、「貢士期限を以て賢才に譲るべし」と云ふ「貢士」を「徴士」とした。此の修正の旨趣は、大名から献上した人士ではいかぬ、朝廷から徴し出されたと云ふ方にしようと云ふので「徴士」となつた。

又五箇条の跋文にある「諸侯會盟之御趣意、右等之筋に可レ被二仰出一哉」「大赦の事」「列侯會盟の式、及び列藩巡見使の式」等の加筆は、福岡さんが入れられたものである。

斯くして由利さんと福岡さんとの二人で修正案を作られた。此の写真は（写真を示し）後日の証拠に撮つて置いたのである。此の通り由利案が土台になつて之に福岡さんが修正を加へられたのだ。茲にもう一度読み上げます。

會　盟

一　列候会議を興し、萬機公論に決すべし。
一　官武一途庶民に至る迄各其志を遂げ、人心をして倦まざらしむるを欲す。
一　上下心を一にし、盛に経綸を行ふべし
一　智識を世界に求め、大に　皇基を振起すべし。
一　徴士期限を以て賢才に譲るべし。

四　公卿の反対と三条実美の苦心

さて、是で可からうと云うて、公卿・諸侯、其他の有志家に之を見せて、是で維新の名分方針を定めて御布告になつては如何やと御下問になりました。

ところが、公卿の方では非常に反対した。その反対したる証拠は、今度「維新史料編纂会」に於て中山（忠能）侯爵家から借用したる手紙である、今これを一読します。

拜承候、如命三條、小子ニも御同様之見込、昨夜来色々愚考、今早朝も大久保（利通）方へ行向候事ニ候。せめてハ御互邊より誓と申邊ニ至候へバ、夫はよろしくと存候。尚、今日官代へ午後御来車と存候間、萬々可ㇾ申ㇾ承候。三條（実美）ニも大ニ苦心之様子ニ付、尊卿より同卿へも得と御文通可ㇾ給候。三條ニも追々不承知ニ朝来承候事ニ候也。

三（月）八（日）　　（岩倉）具視

中山（忠能）殿

と書いてある。御承知の通り「五箇条の御誓文」の発布になつたのは三月十四日で、此の手紙は三月八日の日付である。其処で此の手紙にある通り、何の為に三條公が非常に苦心され、又岩倉公が奔走して大久保氏の宅へ行つたのか。此の手紙に依つて観れば、当時余程紛紜のあつたのだらうと思ふ。けれども、由利子は居られず、又三條・岩倉・大久保等の諸侯も皆故人になられた。其事情を知つて居らるるのは福岡子爵たった一人であるから、私が福岡子爵に尋ねました時、福岡子爵の話には、「會盟五箇条」の原案に付き御下問になつたところが、公卿の間には中々反対があった。

其の理由に曰く、「此の案は不可ぬ。天子が諸侯を集めて置いて、此の席で天子から諸侯に向つて将来此の五箇条で日本の政治をするからと云ふことをお誓ひになるといふ事は宣敷ない。吾々が王政維新をしたのはさう云ふ訳ではない。吾々が徳川（慶喜）氏に大政を返還せしめて王政の維新を唱へたのは、天子が日本の政治の中心となって、萬機を御親裁あらせらるる政治、即ち神武（天皇）の昔に復するのが吾々の持論である。然るに、天子が諸侯を集め、其の会議を経て即ち諸侯の力に依り政治をすると云ふのは不可ない」と云うて反対した。

中山（忠能）大納言や岩倉（具視）公などが非常なる熱心を以て此の説を主張された。そこで三條（実美）さんは、余程其の間に立つて苦心をされたと云ふのである。是れ即ち、此の手紙に「三條も苦心」云々と在るのである。

五　木戸孝允の建議書と修正

斯くして、擦つた揉んだで公卿が折合はない。そこで、此の状況を見た木戸孝允氏が、篤と考へやうと云うて、五箇条の草案を持つて帰られたさうです。而して木戸（孝允）氏が段々考へられて、木戸の奏議と云ふものが出て来て、ついに「五箇条の御誓文」が決定した。この木戸孝允（準一郎）氏の建議書は、木戸侯爵家にあります。今之を朗読致します。

木戸孝允建議書

謹て建言候。旧主毛利敬親父子、甲子（元治元年・一八六四）以来譴責を蒙り、臣、亦敬親父子の左右に在り、久しく防長に伏在、四境閉塞、朝旨の所在、先般辱くも、臣窺ひ奉らず。命を蒙り、列朝班倩已往の跡を恐察し奉り候に、先帝（孝明天皇）既に叡旨ありて各國へ相達しやらん候趣も之有り、開鎖の國是、不問して自ら判然たり。依て維新に抑其條理を為され、その已に去月晦日、各國公使も天顔を拝し奉り候次第にこれあり候處、維新の日、尤も浅く御主意未普く通徹に致さず、諸藩尚方向を異にし、随て草莽輩も身命を擲ち、却て禍害を醸成し屢〻方向を誤り候者も現に少なからず、國家の不幸容易ならず。且つ彼等に於て憫然の至りに候。仰ぎ願くは、前途の大方向を定め為され、至尊親しく公卿・諸侯及び百官を卒ひ／神明に誓ひを為され、明かに國是の確定しある所をして、速かに天下の衆庶に示し為されたく、至願に堪へず候。誠惶誠恐頓首再拝

戊辰三月

木戸準一郎（孝允）敬白

とあって、其註に斯う云ふ事が書いてある。

本書御採用相成り、顧問・参与数人へ御下命これあり。各々建言に及ぶ。其の中より御採擇在り為され、五事之誓文を國是と定めらるるの一定を天下へ示し為され候事

先程も申上げた通り、由利・福岡両子爵の原案に就きまして、公卿が非常に反対したに依り、木戸さんが其の草案を持つて帰つて、種々考究の末、一つの奏議を出して建白された。その一節に、

至尊親しく公卿・諸侯及び百官を率ゐ、神明に誓はせられ、明かに國是の確定しある所をして、速かに天下の衆庶に示し為されたし。

とあるに依り、廟議が決定して、慶応四年（明治元年）三月十四日、天皇陛下は公卿・諸侯・有司を率ゐて、紫宸殿に於て「五箇条の御誓文」を御発表になつて、将来は此の方針に依りて日本の政治をすると、天子様が天神地祇、皇祖皇宗にお誓ひになつた。

今其の「五箇条の御誓文」を拝見するに、即ち左の如し。

一　廣ク会議ヲ興シ、萬機公論ニ決スベシ。
一　上下心ヲ一ニシテ、盛ニ経綸ヲ行フベシ。
一　官武一途庶民ニ至ル迄各其志ヲ遂ゲ、人心ヲシテ倦マザラシメンコトヲ要ス。
一　舊来ノ陋習ヲ破リ、天地ノ公道ニ基クベシ。

木戸孝允侯爵（天保４年〈1833〉～明治10年〈1877〉）

一　智識ヲ世界ニ求メ、大ニ／皇基ヲ振起スベシ。

今玆に発表になつた御誓文と、由利・福岡両子爵の草案とを比較するに、福岡子修正案の（第一項）「列候会議を興し」の七字が削られて、

一　廣く会議を興し、萬機公論に決すべし。

となつて、福岡子修正案の第三項を繰り上げて第二項となし、

一　上下心を一にし、盛に経綸を行ふべし。

と原案の通りに据へ置き、福岡子修正案の第二項を第三項となし、

一　官武一途庶民に至る迄各其志を遂げ、人心をして倦まざらしめん事を要す。

此の三項の末文の六字を「めん事を要す」と修正せられたり。而して其の次に新に左の一項を加へて第四項とせり。

一　舊来の陋習を破り、天地の公道に基くべし。

而して福岡子修正案の第四項を以て第五項とせり。

一　智識を世界に求め、大に皇基を振起すべし。

而して福岡子修正案の第五項「徴士期限を以て賢才に譲るへし」と云ふのは削られた。

六　明治天皇の詔と奉答書

此の「五箇条の御誓文」の発表と共に左の詔がありました。

我國未曽有の変革を為さんとし、朕躬を以て衆に先んじ、天地神明に誓ひ、大に斯の國是を定め、萬民保全の道を立んとす。衆亦此の旨趣に基き協力努力せよ。

此の時、其の處に参列せられたる公卿・諸侯・有司は、此の詔を拝聴して、左の「奉答書」を捧呈せられた。

勅意宏遠、誠に以て感銘に堪へず、今日の急務、永世の基礎、此の他に出づ可からず。臣等、謹んで叡智を奉戴し、死を誓ひ黽勉従事、冀くは以て宸襟を安んじ奉らん。

慶應四年戊辰三月十四日

有栖川大宰帥熾仁／三條大納言実美／岩倉右兵衛督具視／
中山前納言忠能／正親町三條（のち嵯峨）前大納言実愛

其れ以下の諸侯・公卿・有司は、悉く之に署名し、謹んで「五箇条の御誓文」は死を誓ひ黽勉従事して宸襟を安んじ奉らん、とお受書を出されたのであります。

さて、以上の書類に依れば、「五箇条の御誓文」の沿革が明瞭に分かり、又其の精神が変換したることも了解せらる。故に今日、憲法治下に棲息する吾々國民は、此の沿革を知つて居なければならぬ。

由利さんは、横井平四郎の「國是三論」にある亜米利加・英吉利の主義に依りて御誓文の原案を書かれたから、平民主義が余程入つて居る。それから福岡さんの修正案は、当時土佐藩に於て主唱せられたる諸侯会議・簾前盟約の主義に依りたるが如し。

然るに、福岡さんの会盟案には公卿の反対があつた為めに、木戸さんが其反対の点を如何にして解決せんかと余程考へられた。其の結果として、木戸氏の奏議となりて、終に「五箇条の御誓文」を天子が天地神明にお誓ひなされて、之を天下に公布せられたり。又、公卿・諸侯・有司がその詔を拝聴して、陛下の御趣旨に服膺し、宸襟を安んじ奉らむと云ふ御受書を出して、日本帝国維新の基礎が確立致しました。

若しそれ、由利案で「五箇条の御誓文」が出来て居つたら、今日は如何なる結果になつて居つたか。又福岡さんの会盟論になつて居つたならば、如何に政体が変化して居つたらうか。幸ひにして公卿の反対があり、又木戸孝允と云ふ天下の大勢を看破した政治家が居られて、其の奏議を上りて日本の国体に適当なる政策を定められたればこそ、今日あるを得たのである。今から観れば何の事はないが、当時の事情を考へたならば、能くも斯う云ふ風に纒つたものだと思はれる。

七　山階宮晃親王の手記

終りに莅んで、諸君に一言申上げます。「五箇条の御誓文」に付ては、ひとり公卿・諸侯ばかりでなく、宮様方に於ても余程御研究遊ばされたものと見えます。昨年の十一月に維新の史料展覧会に山階宮晃親王殿下が御自筆で、「五箇条の御誓文」に対して御意見をお書きになつた書類を宮家から拝借しました。

是れは如何なる理由にて御書きになつたのかと尋ねたる所、是は明治二年四月二十二日、陛下から「五箇条の御誓文」に就て山階宮の御意見を徴せられたに依て、宮様がお答へになったものであります。今玆に山階宮晃親王御手記を朗読致します。

去る廿二日御達の／詔書並びに御口上御書取、昨廿七日御達の、輔相・公卿書下ゲ等、謹デ奉㆑拝見㆒、恐れ乍ら左に申し上げ候、口上覚。

五　事

一　廣ク会議を興シ、萬機公論ニ決スベシ。

公武一致、諸役集会大議の事、在り為され候上は、別段申上げ候義、御座なく候事。

一　上下心ヲ一ニシテ、盛ニ経綸ヲ行フベシ。
御誓約行ひ為され、百官有司、勅を奉り、疑ひ無く候上は、別段申上げ候義、御座なく候事。

一　官武一途庶民ニ至ル迄各其志ヲ遂ゲ、人心ヲシテ倦マザラシメンコトヲ要ス。
西洋各國中、文明開化盛んにして、萬事全備の風俗を／御取捨在り為され、神州の人心に悦伏仕り候様、御引廻し在り為され候へば、積年の　上は／皇國中、大美事なりと存じ奉り候事。

一　舊来ノ陋習ヲ破リ、天地ノ公道ニ基クベシ。
御國中、大小種々　御変革行ひ為さるべき條々、在り為さるべく候へ共、尤も重大のことは、國憲と存じ奉り候。彼の全く郡縣、全く封建等のことは、方今決して行ふべからずと存じ奉り候。恐れ乍ら君政三箇、民政二箇の中、君民同治に／仰せ出され、公明正大、確然不抜の國憲を　御制立在り為され候はば、御中興の　御盛業と存じ奉り候事。

一　智識ヲ世界ニ求メ、大ニ／皇基ヲ振起スベシ。
即今、要路の官員人撰の上は、各々一世の智識と存じ奉り候間、別段申上げ候義御座なく候。因みに申上げ候。支那國は既に西洋の鴻儒を皇子の師と致し候由、或は西洋の識者に政事の相談も候由、伝へ承り候へ共、我が神州の人心には先づ行ひ難きかと存じ奉り候事。

右五事、御趣意を奉じ、忌諱を憚らず、赤心言上仕候。失禮の段は幾重にも　御憐愍感願ひ上げ奉り候。以上。

巳四月／弁官事／御　中

是が山階宮晃親王様が「五箇条の御誓文」に就きお答へになつたものである。

八　立憲政治の形成の原点

此の「五箇条の御誓文」に基き、明治九年（一八七六）、明治天皇より元老院議長有栖川熾仁親王殿下に詔を賜ひて、憲法草案の起草を命ぜられ、又同十五年、伊藤（博文）参議は勅命を奉じ、欧州に渡つて立憲國の制度を視察し、同十七年帰朝して憲法の起草に着手せられ、同二十二年二月十一日の紀元節に憲法発布式を行はれ、翌（二十三）年十二月に初めて議会が開かれ、以て今日の憲法政治となつたのである。

併ながら、表面に現はれた所より観察すれば、寔に平穏無事な憲法政治のやうでありまするが、慶応三年（一八七六）の十二月二十六七日頃に、由利子爵即ち当時の三岡八郎君が「五箇条の御誓文」の草案を書かれて、それが種々議論の後種々変転して、或は民主々義を含み、或は諸侯の會盟にならんとする所を、木戸孝允氏の奏議に依りて、日本の国体と憲法政治の形式とが矛盾せざる様になりて、終に今日の憲法政治が出来たのである。

然らば即ち、憲法政治になるに就ては、幾多の人の研究と苦心とに依りて今日の有様になつたのであつて、我々立憲政治の下に棲息するものは、厚く維新の元勲に対し感謝しなければならない。又我々及び我々の子孫が「五箇条の御誓文」の精神を以て、永く我が國政治の大本として居れば、我が國の國運は千萬年の後に至るも、憲法政治の下に、皇室の御稜威と共に益々隆盛になる事、我が輩は信じて疑はない。

今日「五箇条の御誓文」の由来を研究して聊か感ずる所あつたに依りて、此の機会に於て諸君に一場の講演をする事を得たのは、寔に欣幸とする所であつて、深く当校の当局者に御禮を申上げる。どうか茲に陳述した「五箇条の御誓文」の精神は、独り諸君のみに止まらず、成べく諸君に接近し又諸君が会同せらるる人々にも、十分普及せしめ、我が國憲法治下の臣民たる義務を尽して、皇室に忠勤を擢んでられむ事を、偏に冀望致します。（了）

五　筧克彦「五箇條の御誓文の精神」

※これは、法学博士筧克彦氏（明治五年〜昭和三十六年）の著書『国家の研究』第一巻（昭和六年、春陽堂書店）に収録されている「『帝国憲法』の根本義」（初出大正二年）の第二段第一の部分の抄録である。

御誓文の箇条は短いから、之について多少の解説を試みて見ようと思ふ。之れは大体二つに分れる。一つは国内について見た事で、一つは広く世界について見た事である。

其の国内について見た事の中は、二箇条に分れて居る。其の一つは、「上下心を一にし、盛んに経綸を行ふべし」といふことで、之は実に和魂の主義を他の言葉を以て書いたものといふてもよいので、何も西洋の翻訳をしたものでない。西洋の有様に鑑みて、我が和魂の精神をいひ表はしたのである。

「上下心を一にし」といふ方は、一心同体なる所以を発揚しなければならぬことをいひ、「盛んに経綸を行ふべし」といふは、創設作用を意味して居るので、経綸といふ事には特に注意しなくてはならぬ。先づ国内について自ら一心同体となり、其の一心同体たる所以を創設しなくてはならぬ。

筧克彦博士（明治５年〈1872〉〜昭和36年〈1961〉）

そして之を拡張して世界を経営しなくてはならぬといふのである。

　処で之を行ふ方法について、「広く会議を起し万機公論に決すべし」といふのである。之は　御誓文の一番初めに出ては居るが、御誓文は学理を主としたものでなく、実行の必要から出たものであるから、其の方からいふと、会議に決するといふ形式が適切に自覚された為に初めに持つて来たものと思ふ。

　それから「官武一途庶民に至るまで各々其の志を遂げしめ、人心をして倦まざらしめんことを要す」といふ事があるが、之も日本の昔からの主義であつて、神道は専制的でないといふ事について、世界の標本とすべきものと信じて居る。支那文明の輸入後、兎《と》角《かく》専制の形式なども行はれた事があつたが、西洋の有様に鑑みて、いよいよ其の神道主義を自覚し、其の結果が斯くの如き御誓文の箇条にあらはれた事と思ふ。

　此の「庶民に至るまで各々其の志を遂げしめ」といふ事が実に尊い事と思ふ。一人の乞食でも之は即ち国家（民力）である。皆他人を以て代ふべからざる所の日本の大生命を表現して居るものである。此の日本人たる乞食某を外に求めたつて、古今東西何処にだつてありはしない。況んや良民たるものが自己の自由心証に基いて行動することは、此の上もなく神聖なものである。之を認むるによつて、之を総攬するによつて、上下の秩序を誤らず、之を統括するによつて、初めて本来の一心同体といふものが発揚せらるるのである。

扨、之に対し、御誓文の他の二箇条は、世界との関係についての事で、「旧来の陋習を破り、天地の公道に基くべし」といふ事が一つ。之は　聖徳太子なども特に重きを置かれた点である。いくら日本は神国でも、差当りの処に於ては不完全の所があるに相違ない。それを破り之を補ひ之を転ずればこそ、いよいよ以て神の国たる本質を発揚せらるる事になる。

だからして、古に復ると云ふ事は、本当の哲理的の古に復らなくてはならぬ。只今までして来た事は何でもよいといふ事ではない。之も亦神道の趣旨である。其の次には「知識を世界に求め、大いに皇基を振起すべし」と云ふ事がある。

斯くの如き　御誓文に基いて、いろいろ尽力した結果、遂に（大日本帝国）憲法の条文として之を発揚したものであると思ふ。

六　杉浦重剛「五条御誓文」

※これは、東宮御学問所御用掛の杉浦重剛氏（安政二年～大正十三年）が大正六年（一九一七）四月、皇太子裕仁親王（十六歳）に対して行った「五条御誓文」御進講記録である。杉浦高弟の猪狩又蔵編『倫理御進講草案』（昭和十一年、同刊行会）第四学年第一学期第一に収められている。

本学年の最初（第四学年第一学期第一）に当り、先づ「五条御誓文」の大意を申し述べんとす。是れ「地理」は外国地理、「歴史」も亦外国歴史となり、「軍事学」も御修得あらせらるることとなりたれば、日本帝国も鎖国時代の旧日本にあらずして、世界の一帝国として立ちたる維新大政の方針を説述せんがためなり。

慶応三年（一八六七）正月、明治天皇御践祚あらせらる。此の年十月、徳川十五代の将軍慶喜、大政を奉還せしかば、朝廷にては、新たに制度を立てて以て王政維新の政を行はせらるることとなりぬ。

顧みれば、今を去ること凡そ七百有余年前、源頼朝が覇府を鎌倉に開きてより、政権久しく武人の手に在り。後鳥羽上皇これが回復を謀り給ひしも、承久の役（一二二一年）に事敗れて成らず。

杉浦重剛（安政２年〈1855〉～大正13年〈1924〉）

後醍醐天皇は一旦（一三三四年）建武中興の政を為し給ひたれども、僅々二年にして、政権再び武人に帰するに至りぬ。

爾来、足利・織田・豊臣・徳川の諸氏、相次で政権を掌握したりしが、明治天皇の御代に至り、徳川将軍、大政を奉還したり。是れ実に我が史上の一大事なり。

斯くして政権朝廷に復帰したるが、朝廷にては如何の方針を立てて以て維新の政を行はせらるべきか。是れ天皇に於かせられても、亦公家に於ても、将た勤王の諸士に於ても、等しく心を苦しめられたる所なり。

慶応四年（明治元年）三月、遂に「五条御誓文」成り、天皇は公卿・諸侯を率ゐて之を天地神明に誓はせられ、以て王政復古したる維新政府の大方針を定めさせられたり。曰く、

一、広く会議を興し、万機公論に決すべし。

一、上下心を一にして、盛に経綸を行ふべし。

一、官武一途庶民に至る迄各〻其志を遂げ、人心をして倦まざらしめんことを要す。

一、旧来の陋習を破り、天地の公道に基くべし。

一、智識を世界に求め、大に皇基を振起すべし。
我が国未曾有の変革を為んとし、朕躬を以て衆に先んじ、天地神明に誓ひ、大いに斯の国是を定め、万民保全の道を立んとす。衆亦此の旨趣に基き、協心努力せよ。

是れ一面に於ては、国政の大方針を神明に誓はせらるると共に、一面に於ては、広く天下万民に示し給ふ所なり。此の時、天皇御年十七歳なりき。

按ずるに、明治以来五十年（一八六八～一九一七）、御誓文の旨趣は著々実行せられて、国家の基礎益々固く、国威遠く発揚するに至りたるは、吾人の眼前に見る所なり。

今謹んで御誓文の旨趣を按ずるに、

第一条に於ては、門閥専横の政を斥け、天下の政治は、天下の公論によりて之を決せんとす。天下の公論を聴かんとするには、広く会議を興して、具さに之を問はせられんとするの御思召なり。今日、町村には町村会あり、郡には郡会、県には県会あり、全国の政を議するには帝国議会あり。大小の政治、此等の会議によりて議せらるるは、即ち此の御趣意の実行せられたるものなり。

第二条は、上は公卿・諸侯より、下は一般人民に至るまで、協心同力して、我が帝国を経営すべしとのことなり。

曽て封建の時代には、上下の懸隔甚しきが故に、動もすれば相疎隔し、相離反すること少からざりき。例へば戦争ある場合に於ても、其の勝敗は独り武士の責任として、農工商は更に之に関係せざりしが如き是れなり。斯くては一国を経営する上に於て不利益なること、言を俟たざる所なり。国家は独り公卿の国家にあらず、独り武家の国家にもあらず、是れ天下万民の国家なり。万民上下心を一にして之を経営すべきは、理の当に然るべき所なり。

第三条は、公家も武家も一様に、人民に至るまでも、各々其の志を遂げしめんとの御趣意なり。それ人は枉屈して志を伸ぶること能はざる時は、元気沮喪して倦怠し沈欝す。之を振起せしめんとするには、其の志を伸ぶるの機を与へざるべからず。

例へば封建時代に於ける公卿は、武家の為に圧せられて唯空位を擁して立つのみ。其の志を伸ぶるに由なかりしなり。又人民は、武士の為に抑制せられて、終始其の腰を屈せざるを得ざりしなり。されば上に於ては公卿、下に於ては人民、共に其の志を遂ぐること能はざりしは、徳川時代の状態なりき。

然れば明治維新の政は、此の弊風を打破して、身分相応に各々其の志を伸ぶるの機を得せしめ、以て人心を振起せしめんことを期せられたるものなり。之を今日の実情に徴するに、公卿は多くは華族として、国家の優遇を受くること旧諸侯と異る所なし。又人民も高等の教育を受けて官吏たるべく、軍人たるべく、又議員として国家の大政を議することを得るなり。旧時の武士に比して何等の相違をも見ざるに至りぬ。言を換ふれば、今や四民の権利殆ど平等なり。是れ第三条の御趣意の実行せられたる結果に外ならざるなり。

第四条は、旧幕時代の陋習を打破し、天地の公道に基きて政を施さんとせらるゝことなり。此に所謂陋習とは何ぞ。其の数多々あるべしと雖も、左に二三を列記せん。

徳川幕府に於ては、三代将軍家光の時、基督教の根絶を謀らん為め、鎖港令を布きて海外との交通を厳禁したり。斯るが故に、我が国人は、海外に向つて其の勢力を拡張すべき時機を失したるの観あるのみならず、海国男児たるべき日本人を抑留して、空しく山間に老い去らしめたるの憾あり。是れ亦陋習の一なるべし。

徳川時代には、武士の家に生れざれば武士たらず、諸侯の家に生れざれば諸侯たらず。諸侯のうちにても譜代の家に生れざれば、以て幕府の政治に参与すること能はざりしなり。而かも譜代大名に傑出したる人物の存するにはあらざるなり。

故に此の如き陋習を打破して人材登用の門戸を開きたるは、明治政府の一大改革なりとす。西郷・木戸・大久保諸士の如きは、徳川時代に於ては所謂陪臣のことなれば、将軍に謁見を賜はることすら難しとする所なりき。然るに明治政府は、直に彼等を登用して朝政に参与せしめられたり。其の他、穢多・非人などすらも平民として之を待遇せらるることとなれり。

此の如きは、則ち旧来の陋習を打破したるの一例と見るべきなり。今日我が国民は、再び大に海上に雄飛することとなり、又人材登用の門は、益々広く開放せられたるを見る。

第五条は、取長補短の趣意を示されたるものなり。我が国は、固より固有の美点甚だ多し。道徳上よりして之を見れば寧ろ大いに西洋諸国に優るものありとすべし。

然れども、西洋文明の精粋たる理化学的の知識は、我が国の文明に於て之を闕きたり。故に彼の国の長所たるべき知識をば大いに之を取りて、我が短を補ひ、以て皇国の基礎を振起すべしとの御思召なり。

之れを現今の状態に徴するに、軍艦・兵器・弾薬等の如きは、皆西洋理化学の応用によりて成れるものなるのみならず、鉄道といひ、電信電話といひ、皆西洋科学の賜物たり。其の他、採礦冶金に於て、医術に於て、共に西洋の学術によりて進歩し改善する所甚だ多しとなす。此の如く彼の長を取り来りて我が短を補ふは、則ち国家を振起する所以なりとす。

是れ固より彼に心酔するの意にあらず。菅原道真が和魂漢才といへるが如く、日本人の精神をば充分に之を維持して、而して一面に彼の長所を取り来ることなり。

此の如く五条の大方針を定めさせ給ひ、且つ「朕躬を以て衆に先んじ、天地神明に誓ひ、大いに斯の国是を定め、万民保全の道を立んとす。衆亦此旨趣に基き協心努力せよ。」と仰せられ、確乎不抜の決心を以て、其の実行を期せられたり。

按ずるに、明治維新以来茲に五十年、政治・法律・軍事乃至諸般の学術に於て、幾多の改革行はれ、幾多の進歩を見たり。然れども之を概括して其の根源に遡る時は、孰れも五条の御聖旨に基かざるものなきなり。言を換ふれば、幾多の方面に於て御誓文の実行せられたる結果、今日国運の隆盛を見るに至りたるなり。

されば今後と雖も、我が国政の大方針は、「五条御誓文」を以て其の原則となすべきこと、固より言を俟たざる所なり。

御誓文と同日、また臣民をして聖旨を奉体せしめんが為め、更に宸翰を下し給ふ（全文引用省略）。

［追記］

杉浦重剛氏と同じく、東宮御学問所の御用掛を拝命した白鳥庫吉博士（学習院兼東京帝大教授）は、東洋史の専攻であったが、国史も西洋史も一人で進講するのみならず、教科書『國史』全五冊を自ら執筆している（原本縮写合冊複製・所功解説『國史』勉誠出版／平成二十七年）。その「第十章　明治天皇／一　王政維新」の中に、簡潔な説明がみられる（同六五六〜六五八頁）。

三月に至り、天皇紫宸殿に御し親しく神祇を祭りて五条の御誓文を宣べ給へり。所謂五条は「広く会議を興し万機公論に決すべし」、「上下心を一にして盛に経綸を行ふべし」、「官武一途庶民に至るまで各其志を遂げ人心をして倦まざらしめんを要す」、「旧来の陋習を破り天地の公道に基くべし」、「智識を世界に求め大に皇基を振起すべし」なり。

天皇は此の時別に宸翰を億兆に賜ひて、上下相離ること霄壌の如き弊習を去り、君臣相親み上下相愛せし上代簡易の風に復し、艱難を顧ずして親ら政を励み、天下億兆をしてみな各其の所を得しめ、万民また私見を去り公議を採りて大業を翼賛せんことを詔し給へり。

翌月改定せられし官制は、此の詔旨に基づけるものにして、其の要綱は太政官中に議政、行政、神祇、会計、軍務、外国、刑法の七官を置き、議政官には上局・下局を設け、上局は議定参与、下局は諸藩の貢士を議員として立法のことを掌り、行政官は政務執行の責に任じ、また神祇、会計、軍務、外国の四官を統べ、刑法官は司法のことを掌るにあり。かくて三条実美、岩倉具視輔相に任ぜられたり。此の頃政務に参与せし諸藩主及び藩士は、前に記せし五藩の外には山口（萩）佐賀及び熊本等其の主なるものなりき。

此の職制は後に至りて屡々変更せられしも、政治の大本を公議輿論によりて定めんとする大精神は、実に此の時に定まれるなり。

かくて八月に至り天皇即位の大礼を紫宸殿に挙げ給ひ、翌月明治と改元し、一世一元の制を定め給へり。此の年、江戸を改めて東京とし、一たびここに行幸し給ひしが、翌年（明治二年）再びここに駐輦し給ひてより、東京は長く皇都と定まりぬ。

七　「新日本建設に関する詔書」（抄）

※これは、昭和二十一年（一九四六）元日に公表された「新日本建設に関する詔書」である。その全文と作成経緯（末尾に参考文献）を記す宮内庁編『昭和天皇実録』（昭和二十年一月一日条・刊本第十、平成二十八年、東京書籍）を抄録した。

新年に当たり、左の詔書を発せられる。

茲ニ新年ヲ迎フ。顧ミレバ明治天皇明治ノ初、国是トシテ五箇条ノ御誓文ヲ下シ給ヘリ。曰ク、

一、広ク会議ヲ興シ、万機公論ニ決スベシ。

一、上下心ヲ一ニシテ、盛ニ経綸ヲ行フベシ。

一、官武一途庶民ニ至ル迄各〻其志ヲ遂ゲ、人心ヲシテ倦マザラシメンコトヲ要ス。

一、旧来ノ陋習ヲ破リ、天地ノ公道ニ基クベシ。

一、智識ヲ世界ニ求メ、大ニ皇基ヲ振起スベシ。

叡旨公明正大、又何ヲカ加ヘン。朕ハ茲ニ誓ヲ新ニシテ国運ヲ開カント欲ス。須ラク此ノ御趣旨ニ則リ、旧来ノ陋習ヲ去リ、民意ヲ暢達シ、官民挙ゲテ平和主義ニ徹シ、教養豊カニ文化ヲ築キ、以

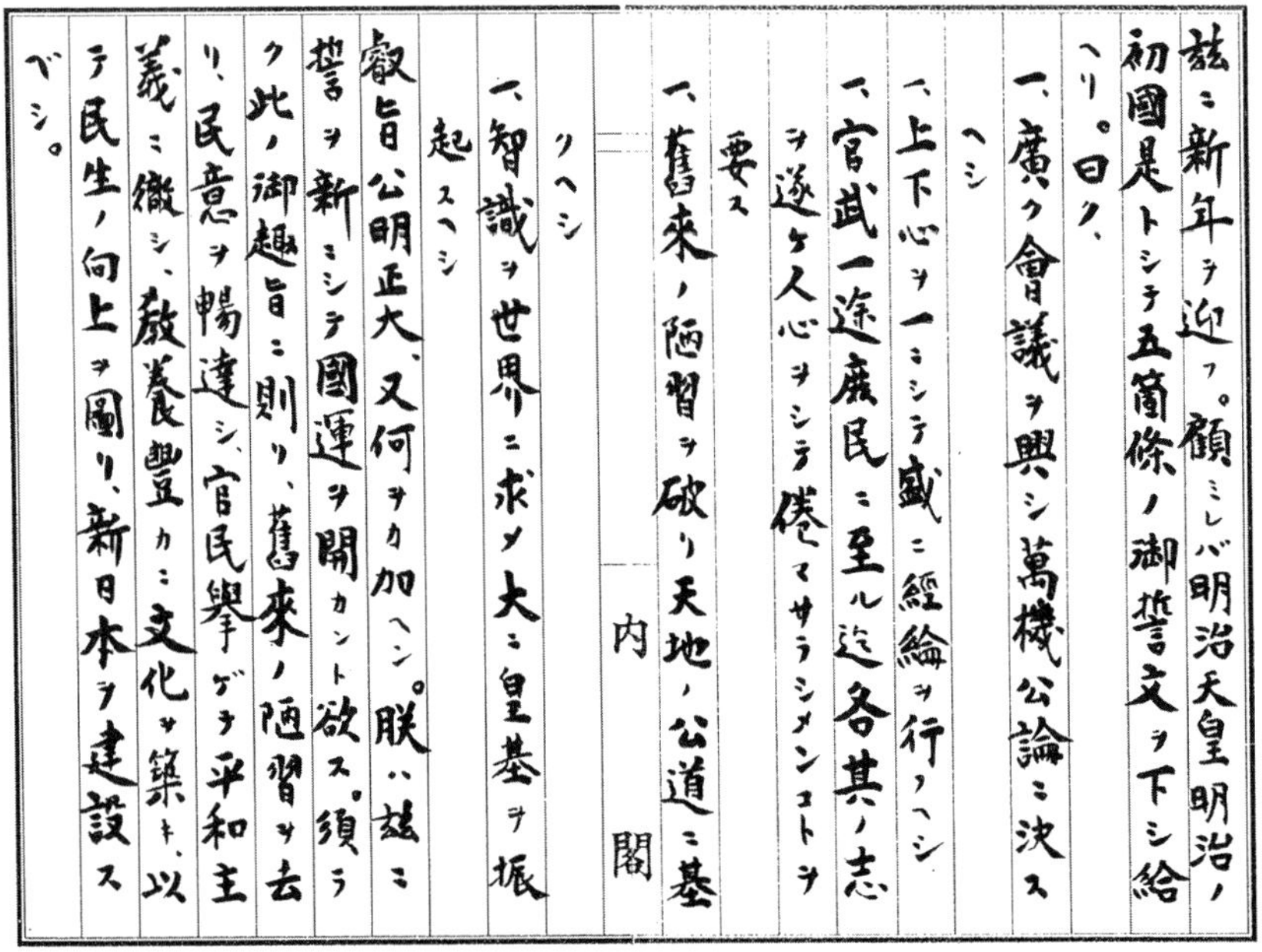

茲ニ新年ヲ迎フ。顧ミレバ明治天皇明治ノ初國是トシテ五箇條ノ御誓文ヲ下シ給ヘリ。曰ク、

一、廣ク會議ヲ興シ萬機公論ニ決スヘシ

一、上下心ヲ一ニシテ盛ニ經綸ヲ行フヘシ

一、官武一途庶民ニ至ル迄各其ノ志ヲ遂ケ人心ヲシテ倦マサラシメンコトヲ要ス

一、舊來ノ陋習ヲ破リ天地ノ公道ニ基クヘシ

内閣

一、智識ヲ世界ニ求メ大ニ皇基ヲ振起スヘシ

叡旨公明正大、又何ヲカ加ヘン。朕ハ茲ニ誓ヲ新ニシテ國運ヲ開カント欲ス。須ラク此ノ御趣旨ニ則リ、舊來ノ陋習ヲ去リ、民意ヲ暢達シ、官民擧ゲテ平和主義ニ徹シ、敎養豐カニ文化ヲ築キ、以テ民生ノ向上ヲ圖リ、新日本ヲ建設スベシ。

「新日本建設に関する詔書」（国立公文書館所蔵）

テ民生ノ向上ヲ図リ、新日本ヲ建設スベシ。

大小都市ノ蒙リタル戦禍、罹災者ノ艱苦、産業ノ停頓、食糧ノ不足、失業者増加ノ趨勢等ハ真ニ心ヲ痛マシムルモノアリ。然リト雖モ、我国民ガ現在ノ試煉ニ直面シ、且徹頭徹尾文明ヲ平和ニ求ムルノ決意固ク、克ク其ノ結束ヲ全ウセバ、独リ我国ノミナラズ全人類ノ為ニ、輝カシキ前途ノ展開セラルルコトヲ疑ハズ。

夫レ家ヲ愛スル心ト国ヲ愛スル心トハ我国ニ於テ特ニ熱烈ナルヲ見ル。今ヤ実ニ此ノ心ヲ拡充シ、人類愛ノ完成ニ向ヒ、献身的努力ヲ効スベキノ秋ナリ。

惟フニ長キニ亘レル戦争ノ敗北ニ終リタル結果、我国民ハ動モスレバ焦躁ニ流レ、失意ノ淵ニ沈淪セントスルノ傾キアリ。詭激ノ風漸ク長ジテ道義ノ念頗ル衰ヘ、為ニ思想混乱ノ兆アルハ洵ニ深憂ニ堪ヘズ。

然レドモ、朕ハ爾等国民ト共ニ在リ、常ニ利害ヲ同ジウシ休戚ヲ分タント欲ス。朕ト爾等国民トノ間ノ紐帯ハ、終始相互ノ信頼ト敬愛トニ依リテ結バレ、単ナル神話ト伝説トニ依リテ生ゼルモノニ非ズ。天皇ヲ以テ現御神《アキツミカミ》トシ、且日本国民ヲ以テ他ノ民族ニ優越セル民族ニシテ、延テ世界ヲ支配スベキ運命ヲ有ストノ架空ナル観念ニ基クモノニモ非ズ。

朕ノ政府ハ国民ノ試煉ト苦難トヲ緩和センガ為、アラユル施策ト経営トニ万全ノ方途ヲ講ズベシ。同時ニ朕ハ我国民ガ時艱ニ蹶起シ、当面ノ困苦克服ノ為ニ、又産業及文運振興ノ為ニ勇往センコトヲ希念ス。我国民ガ其ノ公民生活ニ於テ団結シ、相倚リ相扶ケ、寛容相許スノ気風ヲ作興スルニ於テハ、能ク我至高ノ伝統ニ恥ヂザル真価ヲ発揮スルニ至ラン。斯ノ如キハ実ニ我国民ガ人類ノ福祉ト向上トノ為、絶大ナル貢献ヲ為ス所以ナルヲ疑ハザルナリ。

一年ノ計ハ年頭ニ在リ。朕ハ朕ノ信頼スル国民ガ朕ト其ノ心ヲ一ニシテ、自ラ奮ヒ自ラ励マシ、以テ此ノ大業ヲ成就センコトヲ庶幾フ。

夕刻、御文庫において侍従次長木下道雄より本詔書の反響等につき奏上を受けられる。なお、本詔書に対し、聯合国最高司令官ダグラス・マッカーサーは、即日歓迎の意を示す声明を発表する。

本詔書は、天皇の国民と共に平和日本の再建を希求された叡慮をお示しになったものであるが、同時に天皇を現人神とすることを排した一文から、後年「天皇の人間宣言」と通称される。

本詔書については、昨年十二月初旬よりその議が起こり、聯合国最高司令部民間情報教育局長ケネス・リード・ダイク、同局員ハロルド・G・ヘンダーソン、学習院長山梨勝之進、学習院教師レジナルド・ホレイス・ブライス等が関与して、英文の詔書案が作成される。それに「陛下は御自身の人格のいかなる神格化、あるいは神話化をも、全面的に御否定あらせられる」の一文を加え、十二月二十四日、宮内大臣石渡荘太郎より奏上を受けられ、天皇のお許しを得て詔書案の作成は内閣に託される。

内閣総理大臣幣原喜重郎・文部大臣前田多門・内閣書記官長次田大三郎等により調整が図られ、二十六日までに案文が作成される。二十七日午後、天皇は、［文部大臣］前田多門［首相病気のため代理として参内］より詔書案につき奏上を受けられ、「五箇条の御誓文」の主旨を挿入することを御希望になり、そのことが今後の国家の進路を示す観点から必要であるとのお考えを示される。二十九日には内閣原案が完成し、三十日、さらに修正を加えた閣議決定案が提出され、夕刻の前田による内奏の後、午後九時、御署名になる。三十一日午前、三たび前田が参内し、再度御改定を願う旨の奏請を受けられ、同日午後三時五十分、御署名になり、この日の発出となる。

なお、天皇はこの詔書の目的について、昭和五十二年八月二十三日、那須御用邸における宮内記者会とお会いした際、「五箇条の御誓文」を国民に示すことが第一の目的であったとされ、民主主義の精神は明治天皇の採用されたところであって、決して輸入のものではないことを示し、国民に誇りを忘れさせないように詔書を発せられた旨を御回想になる。
○侍従日誌、省中日誌、進退録、官報、御署名原本、公文類聚、日本占領重要文書、側近日誌、徳川義寛終戦日記、高松宮日記、石橋湛山日記、佐藤達夫関係文書、学習院長山梨勝之進文書、浅野長光文書、新編宮中見聞録、マッカーサー回想記、石渡荘太郎、心如水石渡さんを偲ぶ、回想のブライス、前田多門・その文その人、陛下の〝人間〟宣言、天皇とともに五十年、資料日本占領、戦後史と象徴天皇、マッカーサーその歴史との会合、陛下お尋ね申し上げます、天皇と神道、週刊新潮、文藝春秋、サンデー毎日、朝日新聞、毎日新聞、読売報知

八　平泉澄「明治天皇の宸翰」

※これは平泉澄博士（明治二十八年～昭和五十九年）の講演記録で、日本学協会編『日本』昭和四十八年（一九七三）二月号に掲載され、のち同五十五年、同会編刊『明治の光輝』に収録された。

明治天皇の御製、総じて九万三千二首と承ります。私共は、その数の多いのに驚きますと共に、そのいづれを拝誦いたしましても、その中から貴い御教をいただく事の出来ます事、有り難く感銘に堪へないのであります。そして其の御教の結晶として、「教育勅語」を仰ぎ、そこに不断の光を望み、不滅の勇気を与へられる事、どなたも御同様であらうと思ひます。

然るに明治天皇は、「教育勅語」と相並ぶべき、極めて重大なる御勅諭を、国民のすべてに、即ち外ならぬ我々に御下賜になり、そして申訳のない事には、それは一般には、殆んど忘れ去られてゐるのであります。

それは何時の事かといひますと、慶應四年、即ち明治元年（一八六八）の三月十四日でありました。その日は、国是五箇条を立てて、天地神明に誓はせ給うた事、どなたも御承知の通りでありま

平泉澄博士（明治28年〈1895〉～昭和59年〈1984〉）

す。その五箇条は、之を天地神明に誓はれたのでありますが、それと同時に、国民全体に宸翰を賜はつたのであります。

しかるに、「五箇条の御誓文」のみ喧伝せられて、誰知らぬ者は無い有様でありますのに、国民全体に呼びかけさせ給うた宸翰の方が、殆んど忘れ去られた事は、不思議でもあり、申訳の無い事と云はねばなりませぬ。

今、『岩倉公実記』によつて、その宸翰を掲げませう。

朕、幼弱を以て猝《にわか》に大統を紹ぎ、爾来何を以て万国に対立し列祖に事《つか》へ奉らんや、と朝夕恐懼に堪へざるなり。

竊《ひそか》に考るに、中葉、朝政衰てより武家権を専らにし、表には朝廷を推尊して実は敬して是を遠け、億兆の父母として絶て赤子の情を知ること能はざるよう計りなし、遂に億兆の君たるも唯名のみに成り果て、其が為に今日、朝廷の尊重は古へに倍せしが如くにて朝威は倍衰へ、上下相離るること霄壤《しょうじょう》の如し。斯る形勢にて何を以て天下に君臨せんや。

今般、朝政一新の時に膺《あた》り、天下億兆一人も其所を得ざるときは、皆朕が罪なれば、今日の事、朕自ら身骨を労し心志を苦しめ、艱難の先に立ち、古《いにしえ》列祖の尽させ給ひし蹤を履み、治蹟を勤めてこそ、始めて天職を奉じて億兆の君たる所に背かさるべし。

往昔、列祖、万機を親《みずか》らし、不臣のものあれば自ら将として之を征し給ひ、朝廷の政総て簡易にして、此の如く尊重ならざる故、君臣相親しみ上下相愛し、徳澤天下に洽く、国威海外に輝きしなり。然るに近来、宇内大いに開け、各国四方に相雄飛するの時に当り、独り我国のみ世界の形勢に疎く、旧習を固守し一新の效をはからず。朕、徒《いたずら》に九重の中に安居し、一日の安きを偸み百年の憂を忘るる時は、遂に各国の凌侮を受け、上は列聖を辱しめ奉り、下は億兆を苦しめんことを恐る。

故に朕、ここに百官諸侯と広く相誓ひ、列祖の御偉業を継述し、一身の艱難辛苦を問はず、親ら四方を経営し、汝億兆を安撫し、遂には万里の波濤を開拓し、国威を四方に宣布し、天下を富岳の安きに置かんことを欲す。

汝億兆、旧来の陋習に慣れ、尊重のみを朝廷の事と為し、神州の危急を知らず、朕一度足を挙れば非常に驚ろき、種〻の疑惑を生じ、万口紛紜として、朕が志を為さざらしむる時は、是れ朕をして君たる道を失はしむるのみならず、従て列祖の天下を失はしむるなり。汝億兆、能く朕が志を体認し、相率ゐて私見を去り公議を採り、朕が業を助けて神州を保全し、列聖の神霊を慰め奉らしめば、生前の幸甚ならん。

此の宸翰の初めに、「朕幼弱を以て」とありますが、明治天皇は、嘉永五年（一八五二）九月二十二日の御降誕でありました。九月二十二日は、後に太陽暦に換算して十一月三日に当りますので、その日を明治の天長節としてお祝ひ申し上げたのであります。

嘉永五年は、壬子の歳でありました。明治天皇の崩御は、明治四十五年（一九一二）でありますが、是れがまた壬子の歳であります。即ち天皇は壬子の歳に御降誕になり、そして壬子の歳に崩御になつたのであります。そこで宝算六十一歳であられた事も、記憶しやすくなりますし、又、昭和四十七年（一九七二）も壬子の歳でありましたから、明治天皇崩御の後、昭和四十七年で満六十年の歳月流れた事も、計算しやすくなるでせう。

それは兎も角、嘉永五年の御生誕でありますから、慶應二年（一八六六）十二月二十五日、父帝孝明天皇が御かくれになりました時には十五歳、翌慶応三年正月九日践祚の御時には十六歳、そして今此の宸翰を下し給うた時には十七歳であらせられました。「幼弱を以て」と仰せられる所以であります。

次に「猝《にわか》に大統を紹ぎ」とあります。猝といふ字は、犬がだしぬけに叢の中から飛び出して吠えかかる貌で、「急に」「思ひもよらず」「だしぬけに」といふ意味だといひます。父帝孝明天皇は、まだ三十六歳といふ壮年でおはしましたのですから、その崩御は全く思ひもよらぬ事であり、御不幸は真にだしぬけに起つたのでありました。

十五歳にして此の御不幸におあひになり、十六歳にして大統を継がせ給うた明治天皇は、その年のうちに大政の奉還をお許しになり（十月十五日）、ついで王政復古（十二月九日）の大号令をお下しになり、そして今慶応四年（明治元年）には、正月に鳥羽伏見の戦、二月に東征大総督の進発といふ大事を経験し給うたのであります。

その東征大総督の進発より一箇月の後、三月十四日が即ち「五箇条の御誓文」をお立てになり、同時に此の宸翰を下された時であります。

さて此の宸翰の中に、「汝億兆」と仰せられた所が、前後二箇所にあります。これは「教育勅語」に「爾臣民」と仰せられたのと同様、全国民を対象とし、全国民に親しく呼掛けさせ給うたからであります。

それでは何をお呼び掛けになったのであるかと云ひますに、色々研究すべき事、説明すべき事はありますものの、大体の御趣意は、一読し再読して、先づ明かでありませうから、今ここに細説する事は省略したいと思ひます。

全体に亘っての細説は省略させて貰ひますが、然し其の中に極めて重大なる政治の原理原則が示されてをります事は、注意し、審思していただかねばなりませぬ。

それは「天下億兆一人も其の所を得ざる時は、皆朕が罪なれば」と仰せられた点であります。此の一句には、至って深い意味が籠められ、至って高い原理が示されてあるのであります。

かやうな原理は、不幸にして今日、世界のどの国に於いても考へられず、況んや実行せられてゐないのであります。今日ある国々に於いては、多数決が政治の原則となつてゐます。若し其の多数が正しい時には、結果的にいへば、それはそれで良いやうに見えますが、其の多数が正しからず、却って少数が正しい場合には、正しいものが、少数なるが故に、踏潰されるのであります。

またある国々に於いては、名目は民主主義を唱へ、委員会を称するにせよ、実質は少数幹部の専断強制によって政治が行はれてゐるのであります。そこには異議を唱へ異論をさしはさむ余地は無く、もしそれを敢てすれば、鉄槌は直ちに下されるでありませう。

然るに今、明治天皇のお示しになりました政治の原理原則は、「天下一人も其の所を得ざる者無からしむるを期す」といふのであります。是に於いては、多数も少数も、強者も弱者も、一様に正道の批判の前に立たされるのであります。

此の如きは、ひとり明治天皇の御理想であつたばかりでなく、御歴代天皇の常に目指し給うた所であった事は、たとへば後醍醐天皇の御事蹟から考へても明かでありますが、言葉の上に先蹤をたどりますと、仁明天皇の勅の中に見出されます。

仁明天皇の承和九年（八四二）、橘逸勢《はやなり》は、謀反の罪に問はれて伊豆へ流され、配所へ赴く途中、遠江の板築に於いて病歿しました。その孫珍令、祖父に随つて伊豆へ下らうとしてゐましたが、はからずも祖父の死にあひ、幼少の身の置きどころ無きに苦しみました。その時、仁明天皇これをきこしめして、「罪人の苗胤と雖も、猶一物の所を失ふを悲しむ。よろしく更に追還して旧閭に就かしむべし」と勅せられたのでありました事、『続日本後紀』に見えてをります。

※『続日本後紀』承和九年九月甲午（三日）条に「勅す。伊豆国に配流の罪人非人逸勢の孫珍令、

年幼少に在り、未だ許計を習はず。而るに逸勢、十二月十三日を以て身死す。孰《いずれ》を恃み孰を憑らん。罪人の苗胤と雖も猶一物を失ふ所を悲しむ。宜しく更に追還して旧閭に就かしむ」とある。あゝギリシヤの古代に於いて理想とせられたる哲人政治、その高遠なる理想は、我が国に於いて、御歴代天皇によつて実現せられたと云つてよいでありませう。

これに就いて深い感銘を示されたのは、近衛文麿公でありました。昭和十二年（一九三七）正月、国会議事堂の新築落成の際、貴族院議長として祝辞を述べられる事になりました近衛公は、その草案の作製を私に求められました。よつて即刻筆を執りました私は、その草案の中に、次のやうに書きました。

近衛文麿公爵（明治24年〈1891〉～昭和20年〈1945〉）

この堂々たる新建築に対しまして、我々の反省いたします所、反省して深く責任を感じます所は、尠なくないのであります。こゝには、その中の最も重大なる一つに就いて申し述べようと思ひます。

一体、議会を考へます時に、我々の頭に、直ちに浮んで参りますものは、明治の初めの「五箇条の御誓文」、就中その

第一条に掲げられました所の、「広ク会議ヲ興シ万機公論ニ決スベシ」との御言葉であります。いふまでもなく、此の御誓文は万人周知の事でありますが、しかしながらこの第一条の意味は、一般には余りに簡単に、また余り浅薄に考へられてゐるのではないかと思ひます。即ち之を只多数の意見に従ふやうにとの御趣旨にのみ解しまして、多数決であれば事がすむやうに考へてゐるのではないかと思ふのであります。

しかしながら、この「万機公論に決すべし」との御言葉は、只多数決といふやうな簡単な機械的な意味ではないと拝察いたします。何故ならば、当時賜はりました御宸翰に、「天下億兆一人も其の所を得ざる時は、皆朕が罪なれば」と仰せられてゐるのであります。

もし多数で物がきまつて、少数が否決せられるといふ事であれば、少数の意見は常に其の所を得ないのであります。しかるに明治天皇は、「一人も其の所を得ざる時は朕の罪なり」と仰せられてゐるのであります。して見れば、「万機公論に決すべし」との御言葉は、之を只多数決といふ風に機械的に解釈し奉る事は出来ないのであります。

こゝに思当りますのは、同じ御宸翰の中に、「汝億兆、能々朕が志を体認し、相率て私見を去り公義を採り、朕が業を助けて神州を保全」云々と勅せられました事であります。即ち「万機公論に決すべし」との御言葉は、此の「私見を去り公義を採り」との御言葉と相照応するものであります。

して見ますれば我々は、只多数で物をきめてゆけばよいといふわけではない。形の上からいへば、いかにも多数で物がきまるのであるが、しかしそれだけでは聖旨に副ひ奉る事は出来ないのである。どうしても我々は私見を去り公義を採らなければならないのであります。私見を去り公義を採る事によつてのみ、第二条に仰せられました所の「上下心を一にして盛に経綸を行ふ」事は出来るのであります。

而して、かやうに上下心を一にして盛に経綸を行ひます事によって、初めて第三条に仰せられましたやうに、天下の人心を倦まざらしめる事が出来るのであります。而してかくして初めて「旧来の陋習を破り、天地の公道に基き」、また「智識を世界に求め、大に皇基を振起」しようとの御叡慮にそひ奉る事が出来るのであります。「天下億兆一人も其の所を得ざる」ものなきを得るのであります。

新築せられました議事堂に対して、色々感ずる所が多いのでありますが、その一つは実にこの「私見を去り公義を採らなければならない」といふ事であります。

此の草案をお届けしました時に、近衛公はすぐに之を一読せられましたが、腑に落ちかねる御様子で、「此の明治天皇の御宸翰は、何に載つてゐますか」と訊ねられました。「『岩倉公実記』に載せてあります」とお答へしますと、公はその正確さに安心せられて、再度之を読みかへし、いかにも感嘆に堪へざる如く、大きく目を見張つて云はれました。

「是れは宸翰と呼ばずに、勅語と申上げるべきものですね。そして教育勅語と並べて、全国民の服膺すべきものですね」


その時示された近衛公の深い感動を、私は今に至つて忘れる事は出来ませぬ。

其の後もたびたび近衛公にはお目にかかりましたが、此の宸翰に就いてお話の出た事は一度もありませんでした。然し、宸翰を拝して受けられた感動は、近衛公の胸に深く刻み込まれて、大政翼賛の根本理念となつたに違ありませぬ。

それは昭和十五年（一九四〇）九月二十七日に下されました詔書に、「惟《おも》フニ万邦ヲシテ各々其ノ所ヲ得シメ、兆民ヲシテ悉ク其ノ堵ニ安ンゼシムルハ曠古ノ大業ニシテ」と仰せられてありますす事、また同日締結せられましたる「日独伊三国同盟条約」の前文にも、「万邦ヲシテ各々其ノ所ヲ得シムルヲ以テ恒久平和ノ先決要件ナリト認メタルニ依リ」とある事によつて明かであります。

輔弼の重臣として考へます時、近衛公純忠の貴い精神と、聰明にして深い洞察力とには、頭が下る事であります。

編者解説

［編者解説］

「五箇条の御誓文」の成立と普及

所　功

いわゆる「五箇条の御誓文」（原題なく通称）は、慶応四年三月十四日（ＡＤ一八六八年四月八日）、今から満百五十年前に公表された。この五箇条に纏められた国是の持つ意義は、日本の近代史上のみならず、現代にも将来にも大きいと思われる。

そこで、まずその成立経緯について略述する。この点については、すでに大正の始め、金子堅太郎氏が大筋を明らかにし、また戦後に至り大久保利謙氏（利通の嫡孫）らの論者により詳しく検証されているので、その要旨を整理して紹介しよう。

1　由利公正の原案と横井小楠の影響

日本近代化の先陣を切った明治維新の主要なステップは、先ず㋑将軍徳川慶喜の「大政奉還」に始まる。それを承けて㋺新政府により「王政復古の大号令」が出され、さらに㋩明治天皇のもとで「五箇条の御誓文」が掲げられたことにある、とみてよいであろう。

このうち、㋑すでに慶応三年（一八六七）十月十四日、最後の将軍徳川慶喜（32歳）が申し出た「大政奉還」の上表文は、「政権を朝廷に返し奉」るだけでなく、「広く天下の公儀を尽し、聖断を仰ぎ、同心協力」することによって「海外万国と並び立つ」方向が示され、翌十五日（新暦十一月十日）勅許されている。

ついで㋺同年十二月九日（一八六八年一月三日）新政府により出された「王政復古」の大号令も、「諸事、神武創業の始に基き」という原点の確認だけでなく「縉紳・武弁・堂上・地下の別無く、至当の公議を竭」す（具体的には、従来の「摂関・幕府等を廃絶して、仮に総裁・議定・参与の三職を置く」）方針を打ち出している。

つまり、㋑でも㋺でも「公議」政治を目指す点は一致しており、それを一段と具体的・総合的な方策として明示したのが、㋩翌四年三月十四日付「五箇条の御誓文」にほかならない。

ただ、金子堅太郎氏（基本文献の四）によれば、それに至る内容とそれを掲げる方法の完成までに、およそ三つの段階を踏んでいる。

まず慶応四年（戊辰）正月早々、新政府軍と旧幕府軍が鳥羽・伏見で衝突して、若い天皇のもとに諸藩の結束を図る必要に迫られた。そこで、越前藩出身の参与三岡八郎＝由利公正（40歳）は、副総裁の岩倉具視（54歳）に「王政維新の名分方針」を示すため、自らA「議事之体大意」を作成した。その全文は左の通りである（原文を尊重しながら少し読み易くした）。

議事の体大意

①一、庶民志を遂げ、人心をして倦まざらしむるを欲す。

②一、士民を一にし、盛んに経綸を行ふを要す。

③一、知識を世界に求め、広く／皇基を振起すべし。

④一、貢士期限を以て賢才に譲るへし。

⑤一、萬機公論に決し、私に論ずるなかれ。

※以下、後述の福岡孝弟による加筆か。

諸侯会盟の御趣意、右等の筋に仰せ出さるべし。大赦の勅。

一、列侯会盟式　一、列藩迎見使の式

この由利公正の起草した原案は、安政五年（一八五八）、熊本から福井へ招かれ藩主松平茂昭の顧問を務めていた横井小楠（60歳）の見解が影響を与えているとみられる。

横井は、万延元年（一八六〇）福井の藩政改革に関する具体的な建策「国是三論」（開国通商・殖産興業・修己治人）を示した。しかも文久三年（一八六二）簡潔な「国是七条」を作り、さらに慶応三年（一八六七）あらためて「国是十二条」を纏め、正月十一日に藩へ建白している。

その国是論は、（1）「天下の治乱に関はらず、一国の独立を本と為す」、（2）「天朝を尊び、幕府を敬ふ」、（3）「風俗を正す」、（4）「賢才を挙げ、不肖を退く」、（5）「言路を開き、上下の情を通ず」、（6）「学校を興す」、（7）「士民を仁《いつく》しむ」、（8）「信賞必罰」、（9）「国を富ます」、（10）「兵を強くす」、（11）「列藩と親しむ」、（12）「外国と交はる」という十二条から成る。

このうち、（4）はAの②④、（5）はAの①、（12）はAの③と通ずるところがある。それ以上に、若い三岡（由利）は、二十歳年長の横井に従って九州などへ出張するほど親密な関係にあり、その実学思想から多くを学んでいたに違いない。

2　福岡孝弟の改訂と木戸孝允の修正

ついで、この三岡（由利）案に意見を求められた土佐藩出身の制度取調参与福岡藤次＝福岡孝弟（34歳）が修正を加えてBとした。まずAの表題を「会盟」と改めて、Aの⑤を「列侯会議を興し、万機公論に決すべし」と直し、その⑤を⑴に上げ、①②③④を⑵⑶⑷⑸の順に置いて、各々表記を

「五箇条の御誓文」（国是五事）の成立過程

A　由利公正「大意」	⑤万機公論に決し、私に論ずるなかれ。	②士民心を一にし、盛に經綸を行ふを要す。	①庶民志を遂げ、人心をして倦まざらしむるを要す。	③智識を世界に求め、広く皇基を振起すべし。	④貢士期限を以て賢才に譲るべし。	
B　福岡孝弟「会盟」	(1)列候会議を興し、万機公論に決すべし。	(3)上下心を一にして、盛に経綸を行ふべし。	(2)官武一途庶民に至る迄、各々其志を遂げ、人心をして倦まざらしむるを欲す。	(4)（ほぼ同A③、但、広く→大に、に直す）	(5)（ほぼ同A④、但、貢士→徴士に直す）	
C　木戸孝允「誓」	①（同B(1)）	②（同B(3)）	③（ほぼ同B(2)）	④旧来の陋習を破り、宇内の通義に従ふべし。	⑤（同B(4)）	B(5)削除
D　木戸孝允「五箇条の御誓文」	①広く会議を興し、万機公論に決すべし。	②（同B(3)＝同C②）	③（ほぼ同C③。但、末尾「しめんことを要す」）	④（前半同C④。但、後半「天地の公道に基くべし」）	⑤（同B(4)＝同C⑤）	

少し整えた。それから文末に「諸侯会盟の御趣意、右等の筋に仰せ出さるべし。大赦の勅／一、列侯会盟式　一、列藩迎見使の式」と書き加えている。

つまり、BはAの五箇条を大筋で受け継ぎながら、それを諸侯の「会盟」とし、その「会盟式」を行うことにしたのである。

ところが、Bの天皇と諸侯が会盟するという方式は、三条実美・岩倉具視など公家らの反発を招いた。そこで三月早々、天皇との盟約ではなく、天皇が国是五箇条を勅定された事柄について、諸官が御前で誓約する、という方法が決まった。

それを承けて、C萩藩出身の参与木戸孝允（36歳）は、「徴士」云々を削る代りに「旧来の陋習を破り、宇内の通義に従ふべし」を加え、さらに天皇ご自身が諸官を率いて、神々に誓約される、という方式を提案した。

その木戸案に基づき、Dでは最終的にBの「会盟」を「誓」に改め、⑴の「列侯会議」を「広く会議」に直し、Cの末尾に加えられた「朕、列侯庶民協心同力、唯我日本を保全するを旨とし、盟を立ること、斯の如し。背く所ある勿れ」との勅旨文が、「我国未曾有の変革を為さんとし、朕躬を以て衆に先んじ、天地神明に誓ひ、大いに是の国是を定め、万民保全の道を立てんとす。」「衆亦この旨趣に基づき協心努力せよ」という見事な勅語として完成したのである。

この五箇条の国是と勅語から成る御誓文は、能筆の有栖《ありす》川宮《がわのみや》幟仁《たかひと》親王（57歳）によって清書された。そして三月十四日、紫宸殿の中に天神地祇を祀る祭壇が設けられ、正午ごろ、その前方東側

（西向）の御座に天皇（17歳）が着御されると、まず副総裁の三条実美（32歳）が神前に進み、天皇に代って「御誓文」を奉読し、ついで天皇みずから玉串拝礼をされ、さらに三条が神前において再び「御誓文」と勅語を奉読している（「御前会議」と称される）。

それのみならず、続いて参列した公卿・諸侯たちも、天神地祇と明治天皇に拝礼して「五条御誓約奉対書」に一人一人署名した。その署名者は、当日欠席して後日加署した人も含めると、合計七六五名にのぼる（関係資料の二）。

これによって、五箇条の国是は、天皇と公卿・諸侯たち（当時の重要な為政者たち）が、神々に誓い命を懸けて実現する「御一新」の共通目標となったのである。

3　御誓文と一緒に下された御宸翰

このように五箇条の国是は、天皇と為政者たちが、その実現を神々に誓約する方式をとったが、あわせて其の意義を一般の人々に宣布する宸翰が公表された。これも木戸孝允の発案・起草によるものといわれている。

その要点は、天皇が敬して遠ざけられる従来の状況から、真に「億兆の父母」「億兆の君」を目指すことが「天職」という自覚から、「天下億兆、一人もその処を得ざる時は、皆朕が罪」という認識のもと、「一身の艱難辛苦を問はず、親ら四方を経営し、汝億兆を安撫し……国威を四方に宣布し、天下を富岳の安きに置かん」との決意と抱負を示しておられる。

それを受けて、維新政府は、「御宸翰」の末尾に「広く天下億兆蒼生（一般国民）を思し食させ給ふ深き御仁恵の御趣旨」であるから、「末々の者に至るまで、敬承し奉り……国家の為に精々その分を尽す」よう呼びかけている。

4　御誓文に基づく「政体」（官制）の改革

この御誓文と御宸翰は、当初から一般に普及するため、振り仮名を付けて印刷し全国へ配られた。しかも、維新政府みずから、その国是の実現に向けて、具体案を次々と打ち出している。まず同年（明治元年）同四月二十一日、前述の福岡孝弟と佐賀藩出身の参与副島種臣（41歳）が起草したといわれる太政官布告の「政体書」である。

その冒頭に、「去冬、皇政維新に三職を置き、続いて八局を設け、事務を分課すと雖も、兵馬倉卒の間、事業未だ恢弘せず。故に今般、御誓文を以て目的とし、政体・職制相改められ候へば、……、各々其の職掌を尽し、万民保全の通、開成永続せんを要するなり。」と前置きした上で、

大いに斯の国是を定め、制度規律を建つるは、御誓文を以て目的とす。

※（以下に五箇条の国是を引載、省略）

右、御誓文の条件相行はれ、悖《もと》らざるを以て旨趣とせり。

と「五箇条の御誓文」に基づいて「制度規律を建」てる方針を明示する。

ついで、中央政府は「太政官の権力を分って、立法・行政・司法の三権とす」る体制をとること、具体的に立法府の「議政官」は「上局」と「下局」を設け、行政府は「行政官・神祇官・会計官・軍務官・外国官」の五官に分け、また司法府は「刑務官」として独立させている。

5　画期的な「版籍奉還」と「廃藩置県」

続いて、翌明治二年（一八六九）正月、全国二百数十の諸藩を天皇のもとに統合するため、薩摩・長州・土佐と肥前の四藩主が率先して「版籍奉還」（版土＝領地と戸籍＝領民の返上）を申し出た。その上表文に次のような正論が披瀝されている（宮内庁編『明治天皇紀』）。

天祖肇《はじ》めて国を開き基《もとい》を建て玉ひしより、皇統一系万世無窮、普天率土その有に非ざるはなく、その臣に非ざるはなし。……臣等居る所は即ち天子の土、臣等牧する所は即ち天子の民なり。安《いずく》んぞ私有すべけんや。今謹んで、その版籍を収めて之を上《たてまつ》る。……天下の事、大小なく皆一に帰せしむべし。……

これが上局の会議に諮問され、在府諸侯らにも下問し、その回答を待ってから、六月十七日「版籍奉還の儀に付き、深く時勢を察し為され、広く公議を採り為され、政令帰一の思召しを以て、言上の通り聞し食され候」と、〝聴許〟されるに至ったのである（『法令全書』）

その間に、他の大多数の諸藩から相ついで、版籍奉還の建白を出している。その藩主たちは、前年の「五箇条御誓約奉対書」に署名しており、それによって、「神々と天皇に立てた誓約を実行した」ことになろう。

また、同二年七月、中央の太政官で重責を担う三職（輔相・議定・参与）の三条実美・岩倉具視・徳大寺実則・大久保利通・広沢真臣・副島種臣ら自身が、「万機、宸断（勅裁）を経て施行すべきは勿論たりと雖も、公論に決するの御誓文に基き、大事件は三職で議し、諸省の卿・輔・弁官、または待詔局・集議院、其の事柄に依り諮問を経たる後、上奏し裁可を仰ぐべき事」および「大小の事件、三職の輩、……忌憚なく心腹を吐露し、反復討論して之を決定すべし。縦令《たとえ》自己の論行は容れずとも、他の衆議に従ひ、一定決行するに至りたるときは、異論四方に起り天下の人皆是非すること有るも……断然として動かず、確乎として懼れず、同心戮力、その責に任ずるを以て専要とすべき事」などを盟約している（『大久保利通文書』）。

さらに同四年（一八七一）七月には、版籍奉還を暫定的な変更から徹底的な変革へと進めて中央集権化を実現するため、木戸孝允（39歳）と大久保利通（42歳）・西郷隆盛（45歳）らの主導により「廃藩置県」という未曾有の大改革が断行された。その詔書にも、三年四ヶ月前の御宸翰をふまえて、次のごとく仰せ出されている。

朕惟《おも》ふに、更始の時に際し、内以て億兆を保安し、外以て万国と対峙せんと欲せば、宜しく名実相副ひ、政令一に帰せしむべし。……仍て今更に藩を廃し県と為す。

6　「人民告諭」と両「大意」の出版

やがて、この御誓文を引用し、一般の人々を啓蒙したような例もみられる。たとえば、明治元年十月に刊行された冊子『京都府下　人民告諭大意』は、「神州の風儀を示し、王政の御趣意を諭さんため」に作り、京都府から「一郡へ五冊ずつ相下げ」られ、「書冊売払」も公認された。その末尾に「此の度／王政復古、諸事正大公明にして、上下心を一にし、末々に至るまで其の志を遂げさせ、益々安穏に世渡りを営ませ、永く／皇国の外国に勝れし風儀を守り、広く／皇威を世界に輝かさんとの御事なれば、能く此の／叡慮を感戴《かんたい》し奉り、謹んで御沙汰筋を守り、供々努めて御為に成るべき儀を心掛け、累代の御鴻恩を分毫にても報ひ奉らば、神州の民たるに背かざるべし。／明治紀元戊辰年　京都府」とある。

しかも、この『人民告諭大意』は、他の地方でも転用された。たとえば、その一例として、デジタルライブラリーに掲載する国立国会図書館本の底本奥書は、「明治二年二月翻刻　伊那県」と記されている。また、最近古本で入手した一本の奥付には「官版／御用／御書物所」として日本橋通の須原屋と芝三島町の和泉屋を記すが、このような版本は数多く出廻ったものとみられる。

さらに、この御誓文は、民間人の手で一般に広められ、それが様々な形で日本の近代化に貢献している。たとえば、関係資料の三に全文翻刻したが、静岡県三島大社の少宮司で国学者の荻原正平は、すでに明治五年（一八七二）に自著『御誓文大意』を三島大社から出版している。また、三年後に「筑後の国人」吉田強介の著作『御宸翰大意』（同八年、擁萬閣蔵版）も刊行されている。

このうち、前者は五箇条を順に引きながら、平易な解説に大部分振り仮名を打ち、「勅意宏遠……宸襟を安んじ奉らむ」との「御誓約」文を注解した末尾に、「老若男女を問はず、必ず此の御誓文の旨を体認いたして……御奉公」することを説いている。また後者も、宸翰を九ヶ所に分けて一々注釈を加えた後、「各々分相応に尽く」すことを説いており、前者と同様、「大意」の理解と普及に役立ったにちがいない。

7　「立憲政体樹立」と「国会開設」への道

この御誓文は、「自由民権」を主張する人々にも援用されている。たとえば、米欧視察から帰り内治強化を急ぐ岩倉具視や大久保利通と対立して、西郷隆盛と共に下野した土佐藩出身の板垣退助ら愛国公党の人々は、明治七年（一八七四）一月「民撰議院設立」の建白書を左院へ提出した。その中で「方今政権……独り有司に帰す」状況を批判し、「之を振救するの道……唯天下の公議を張るに在るのみ、天下の公議を張るは、民撰議院を立つるに在るのみ。」と主張している。

それに対して維新政府は、木戸孝允が中心となって意見を取り纏め、明治八年（一八七五）四月、「立憲政体樹立」の詔書を出した。その中で、「朕、即位の初め、首として群臣を会し、五事を以て神明に誓ひ、国是を定め、万民保全の道を定む。……朕、今誓文の意を拡充し、茲に元老院を設け、以て立法の源を広め、大審院を置き、以て審判の権を鞏くし、又地方官を召集し、以て民情を通じ公益を図り、漸次に国家立憲の政体を立て、汝衆庶と倶に其の慶びに預らんと欲す。」との方針が示されている。

すると、速かな憲法制定と国会開設を求める人々は、元老院に次々と建白を提出している。たとえば、栃木の県会議員田中正造は、明治十三年（一八八〇）、地元の有志数百人を代表して「国会開設」の建白書を起草し、その中で「国会を開くは、洵に陛下叡旨の在る所……明治元年三月十四日の御誓文、これ其の一なり。」と御誓文を論拠に示している。

それに対して、政府も翌十四年十月、天皇の「勅諭」により、「十年後（明治二十三年）を期し、議員を召し国会を開き、以て朕が初志を成さんとす」との公約を示した（『法令全書』）。しかも、その決断は、すでに同年一月、長州藩出身の井上馨（45歳）が、在野の福沢諭吉（46歳）に対して「国会は断然開かざるべからず。今を以て考へるに、明治の初年に五条の御誓文ありしも、決して偶然に非ず、即ち其の時の勢ひを表出したるものにして……先輩木戸・大久保の諸氏が国の為に尽したるも、其の旨は唯此の一点に在るのみ。」と語ったことが、福沢の書簡にみえる。

そして伊藤博文を中心とする政府は、公約どおり、明治二十三年（一八九〇）帝国議会を開設するに先立ち、前年二月までに「大日本帝国憲法」を制定し発布するに至った。それは正に御誓文の国是を近代的な立憲公議政体として結実させた成果といえよう。

8　W・グリフィス著『ミカド』の見解

このような明治前半の動向を、外国から冷静に観察していたアメリカの知識人がいる。ニュージャージー州のラトガース大学を出てから明治四年（一八七一）初め福井の藩校（明新館）へ理科の教師として招聘されたウィリアム・エリオット・グリフィス（28歳）である。

彼は廃藩置県により藩校が閉鎖されたため、一年足らずで福井を去り、東京に出て大学南校（のち東大）において同七年（31歳）まで理科の教師を勤めた。その間に東大へ行幸された明治天皇の御前で化学の実験をしたり、宮中へ招かれて謁見を賜わるなどの好運に恵まれている。

しかも、帰国後、牧師として活動する傍ら日本に関する研究に努めて、一八七六（明治九）年に大著『ミカドの皇国』（The Mikado's Empire）を出版し、その後も日本を紹介する著作や講演を続けていた。

その代表作『The Mikado』（亀井俊介氏訳『ミカド―日本の内なる力―』平成七年、岩波文庫）

は、明治天皇の崩御後に書かれ大正四年（一九一五）に出版されたが、この第十五章に次のごとく指摘している。

すなわち、㋑「五箇条の御誓文」は、「一八六八年の憲法」（constitution）であり、それが「一八八九年の憲法」の基礎となった。㋺その制定理由は、諸藩の反目を和らげ、利益の対立を調停するためであった。㋩その文章は、横井小楠の弟子で越前藩の家臣「三岡」（のち由利子爵）の草案に基づく。㊁万事を天皇の名において行うため、ミカドによる誓いが必要であった。㋭第一条にいう「公論」は、一つの階級「サムライ」の公論を意味していた。㋬御誓文の諸条項が実現されて、皇帝の特権が制限され、臣下の権利が保証され自由が確保されたのは、二十一年後である。

このような見解は、㋭を除けば、おおむね正しい。しかも彼は、明治天皇の「率先垂範」に注目して、「睦仁は……機に臨んで能力を発揮し、新しい要求や義務にも欣然として応じたという点で、国民の精神の代表であった。……睦仁ほど、終始一貫して質素な食事をした人は、帝国中にもあまりいない。……彼は実際、祖先に恥じざるよう、祖先の素朴な長所を失わざるようにと努めた。彼が模範を示したからこそ、耕作できる土地は乏しく、しかも人口の多い貧乏な国が（日清・日露）二大戦争を遂行しうるまでになったのである。宮中の教えが実行されたことは、（国民の）強い援軍となり、さらにそこから霊威があふれ出た。これがあったからこそ、不可能なはずの大事業（近代化など）が完成されたのだ」と高く評価している。

9　金子堅太郎子爵による由来の公表

ただ、御誓文の成立経緯については、グリフィスが㋩三岡八郎（由利公正）の草案という点にとらわれて、㋥第一条の「公論」を「列侯会盟」と解するに留まっている（前述の㋭）。これはやむをえないことであって、日本国内においても詳細ないきさつは長らく知られていなかった。それを初めて明らかにしたのが、金子堅太郎氏（一八五三〜一九四二）である。

金子（福岡藩修猷館《しゅうゆうかん》出身）は、明治四年（一八七一）からアメリカのハーバード大学に留学して英米語に精通し、伊藤博文のもとで帝国憲法・皇室典範の起草・成立に貢献した。しかも大正四年（一九一五）から『明治天皇紀』編修局と維新史料編纂局の総裁を兼任し、御誓文に関する新情報などを知りうる立場にいたのである。

その要旨は、三岡（由利）が横井小楠の「国是三論」に説かれている「亜米利加の共和政治や英吉利の君民同治の政治に心を傾け」、彼の「議事の大意」にも「平民主義」の色彩が見えること、それを受けて福岡孝弟も「諸侯会盟」の形をとろうとしたこと、ところが、公卿から強く反対されたこと、そこで、間に立った三条実美の意を承けた木戸孝允から、天皇御自身が「公卿・諸侯及び百官を率い、神明に誓ひを為され、明かに国是の確定しある所をして、速かに天下の衆庶に示す」方法が提案されたこと、それによって、共和政的な「会盟案」ではなく、君臣とも神明に「誓約」

する「日本の国体に適当なる政策を定められ」るに至った、ということである。

10　筧克彦博士の解釈と「誓の御柱」

この御誓文は、皇室関係者にとっても重要な必読の文献であったにちがいない。それゆえ、天皇・皇后や皇太子のために御用掛を務めたような人々が、どのような御誓文観をもっていたかを垣間見ておこう。

その一人は、筧克彦《かけい》氏（一八七二〜一九六一）である。彼は六年間のドイツ留学から帰国して、東大で憲法学などを担当したが、美濃部達吉氏とも上杉慎吉氏とも異る独特の国体観を唱え、「神ながらの道」による「君民の一心一体」を強調した。その生真面目で大らかな人柄は、病状の進む大正天皇の伴侶となり悩まれる貞明皇后の御相談役として絶大な信頼をえたといわれている。

筧博士（41歳）は、大正二年（一九一三）「帝国憲法の根本義」を論ずる中で、「五箇条の御誓文」をとりあげ、とくに第二条から「先づ国内において自ら（上も下も）一心同体となり、其の一心同体たる所以を創設しなくてはならなぬ」が、この「御誓文に基づいて、いろいろ尽力した結果、遂に憲法の条文として之を発揚した」とみている。

しかも、同氏は大正十年代から、独特の「弥栄《いやさか》」神道観を信奉する同志と共に「誓の御柱」という記念碑を各地に建設する事業を展開した。その多くは終戦後に被占領下で破棄されたけれども、今なお愛知県の半田市、滋賀県の彦根市、秋田県の男鹿市などに残る碑が、ネット上に写真入りで紹介されている。

とくに琵琶湖に浮ぶ多景島《たけしま》（彦根市）にある高さ二三メートルの碑（青銅製）は、大正十四年七月十五日、閑院宮載仁《ことひと》親王（60歳）染筆の「御誓文」を六角柱に刻み、翌大正十五年四月落成式を行っている。その費用は約七十万人から十万円余の寄付によって賄い、皇室からの御下賜金もあったという（平成十二年、滋賀県教育委員会『滋賀県の近代化遺産』報告書による）。

尚、その同志とみられる瀧本豊之輔氏は、昭和九年『五箇条御誓文大意』（東学社）を著して、「御誓文は…明治天皇様に拠りて発現せられたる肇国以来の国是である。建国の事実信仰を簡単明瞭なる五つの形式に於て宣布せられたるもの」と解している。

11　杉浦重剛御用掛による「倫理御進講」

もう一人は、杉浦重剛氏（一八五五～一九二四）である。同氏（近江膳所《ぜぜ》藩出身）は、大学南校（東大）から英国に留学して理化学を修めた。明治二十八年（一八八五）東京英語学校（のち日本中学校）を創立して長らく校長を務め、自ら「倫理」を教えていた。それが評価されて、大正三年（一九一四）から七年間「東宮御学問所」の御用掛となり、「倫理」を担当している。

その遺著『倫理御進講草案』（猪狩又蔵氏編、昭和十一年刊）をみると、冒頭に掲げる「倫理御進講の趣旨」の中で、「大体の方針」として次の三項をあげている。

一、三種の神器に則り、皇道を体し給ふべきこと。
一、五条の御誓文を以て、将来の標準と為し給ふべきこと。
一、教育勅語の御趣旨の貫徹を期し給ふべきこと。

つまり、将来天皇となられる皇太子裕仁親王に対する「倫理御進講」の三本柱として、「五条の御誓文」を「将来の標準と為し給ぶべきこと」と位置づけたのである。より詳しくは、次のように説明されている。


我が国は、鎌倉時代以後、およそ七百年間、政権武家の手に在りしに、明治天皇に至りて再び之を朝廷に収め、実に御一新の政を行はせられんとするに当り、先づ大方針を立てて天地神明に誓はせられたるもの、即ち五条の御誓文なり。

爾来、世運大いに進み、憲法発布となり、議会開設となり、我が国旧時の面目を一新したるも、万般の施政、皆御誓文の趣旨を遂行せられたるに外ならず。単に明治時代に於て然るのみならず、大正以後に在りても、政道の大本は永く御誓文に存するものといふべし。

故に将来（皇太子）殿下が国政を統べさせ給はんには、先づ能く御誓文の趣旨を了得せられて、

以て　明治天皇の宏謨に従ひ、之を標準として立たせ給ふべきことと信ず。

その上で、大正六年（一九一七）四月、第四学年第一学期（十六歳）の最初に「五条御誓文」がとりあげられたのである。この中で五ヶ条の一々と、それに続く勅旨について簡潔な説明を加えた後、同時に下された「御宸翰」も全文引用している（関係資料の六）。

12　昭和天皇の「新日本建設」詔書

このような御進講を受けて成長された皇太子裕仁親王は、大正十年（一九二一）三月、東宮御学問所を卒えられると同時に、半年近く船でヨーロッパ歴訪の旅に出られた。その先々で第一次大戦の戦禍を目撃して平和の大切さを痛感され、英国でジョージ五世から立憲君の在り方を学びとられたとみられる。

そして帰国直後の同年十一月（20歳）、父大正天皇（42歳）の大権を代行する「摂政」に就任され、五年後（一九二六）十二月二十五日、父君の崩御により第一二四代の天皇となられた。それから満六十二年と二週間にわたり在位され、昭和六十四年一月七日、満八十七歳八ヶ月余の天寿を全うされた。その在位中に最も苦労されたのは、心ならずも開戦のやむなきに至った戦争が未曾有の敗北に終り、七年間も連合国軍の占領下に置かれたことであろう。

その敗戦から四ヶ月後の昭和二十年（一九四五）十二月、ＧＨＱより「ヒロヒト」天皇（44歳）が自ら神格を否定する詔書の渙発を求められ、翌二十一年元日「新日本建設に関する詔書」として公表された。そこに至る経緯は、従来いろいろ議論されてきたが、宮内庁編の『昭和天皇実録』（平成二十六年完成）の主な記事を抄出すれば、次のとおりである。（東京書籍刊本、（イ）～（ト）第九・九三五～九四四頁、（ト）のみ第十・二～六頁）。

（イ）十二月二十三日（ロ）「本月初旬より、聯合国最高司令部（ＧＨＱ）民間情報局長ケネス・Ｒ・ダイク、同局員ヘロルド・Ｇ・ヘンダーソン・学習院長山梨勝之進、学習院教師レジナルド・Ｈ・ブライスが関与し、天皇の神格化を否定する英文の詔書案が作成され、宮相（石渡荘太郎）より天皇の御内覧に供される。……大金（宮内次官大金益次郎）は、五項目から成る詔書私案を起草し、ブライスを通じて聯合国最高司令部に提出するが、内容が消極的であるとして拒否される。

（ロ）二十四日（日）夕刻、（吹上御所）御文庫に内閣総理大臣幣原喜重郎をお召しになり、詔書の渙発については（国務につき）内閣に委任する旨を仰せになる。

翌日（二十五日）、首相は官邸において詔書の英文草稿を起草する。

（ハ）二十七日（木）表拝謁の間に出御され、病気の首相に代わって参内の文部大臣前田多門に約三十分にわたる謁を賜ひ、内閣において作成の詔書案につき奏上を受けられる。

天皇は詔書案の趣旨（神格否定）につき賛成されるとともに、今後の国家の進路を示す観点から、詔書案中に「五箇条の御誓文」の趣旨を挿入するよう御希望になる。

（ニ）二十九日（土）正午二時すぎ、文部大臣前田多門は、病気の首相に代わって参内し、修正詔書案を侍従次長木下道雄に披瀝し、その意見を求める。

その後、木下は参内の外務大臣吉田茂と面会し、修正詔書案につき懇談後、三時十五分、内廷庁舎において拝謁する。引き続き、天皇は表拝謁の間において、三十分以上にわたり（吉田）外相に謁を賜う。退下後、外相は再び木下に面会し、詔書修正案につき協議する。（下略）

（ホ）三十日（日）翌年元日に渙発予定の詔書の閣議原案が内閣より侍従長（藤田尚徳）及び宮相（石渡荘太郎）に送付される。（中略）午後九時、内閣より奉呈の詔書に御署名になる。

（ヘ）三十一日（月）午後三時五十分、改めて内閣より提出の詔書〔昭和二十一年一月一日付〕に御署名になる。

（ト）昭和二十一年一月一日（火）新年に当たり、左の詔書を発せらる（以下、前掲、省略）。

本詔書に対し、聯合国最高司令官ダグラス・マッカーサーは、即日歓迎の意を表す声明を発表する。

本詔書は、天皇の国民と共に平和日本の再建を希求された叡慮をお示しになったものであるが、同時に天皇を現《あまつ》御《み》神《かみ》とすることを排した一文から、後年、「天皇の人間宣言」と通称される。（中略）

天皇はこの詔書の目的について、昭和五十二年八月二十三日、那須御用邸において宮内記者会員とお会いした際、五箇条の御誓文を示すことが第一の目的にあったとされ、民主主義の精神は明治天皇の御採用になったところであって、決して輸入のものでないことを示し、国民に誇りを忘れさせないように詔書を出した旨を御回想になる。

このように、後年の通称「天皇の人間宣言」は、GHQの要求と日本側（学習院・宮内省・幣原内閣）の対応により「天皇の神格化を否定する」ため作成され始めたものである。しかしながら、その詔書案を御覧になった昭和天皇から、「五箇条の御誓文の趣旨を挿入するよう」にとの御希望が示され、それをGHQも諒解したので、元日詔書の冒頭に「明治天皇、明治の始め是是として……下し給」わった「五箇条の御誓文」全五条を掲げ、「叡旨公明正大、何をか加えん。……須らく此の御趣旨に則り、……新日本を建設すべし。」と明記されるに至ったのである。

右のいきさつは、長らく不明であったが、昭和二十七年（一九五二）四月の講和独立から十年後、幣原喜重郎内閣の文部大臣を務めた前田多門氏（一八八四～一九六二）が、「〝人間宣言〟のうちそと」（『文藝春秋』同三十七年三月号）で、前掲（八）の十二月二十七日、詔書案を奏上したところ、昭和天皇は次のごとく仰せられたと述べている。

それは結構だが、詔書として、今後国の進路として、かように進歩的な方向を指し示す場合にその事柄（民主化）が何も突然に湧き上ったというわけではなく、わが国としては、既にかような傾向が、明治大帝以来示されて居るのであり、決して付け焼き刃ではないという事を明らかにしたい。その何よりの例は、明治の最初のときに、明治天皇が示された五箇条の御誓文であって、民意を大いに暢達させるとか、旧来の陋習を破り天地の公道に基くとかいう思想は、それから大いに万機公論に決して……築き上げる新日本の伏線となるものである。だから、何かそういうような意味も詔書のなかに含ませてもらえないだろうか。

そこで前田多門文相は「早速再考の旨を言上して退出」し、次田大三郎内閣書記官長と木下道雄侍従次長の二人に相談して、「結局、五箇条の原文そのものを冒頭に引用した方が、陛下の御趣旨に添う」との結論になり、五箇条を揚げることにしたという。

この点は、発詔から三十年余り経った昭和五十二年八月、天皇御自身、「それが実は、あの詔書の一番の目的であって、神格とかそういうことは二の（次の）問題でした。……民主主義（公議政体）を採用したのは、明治大帝の思召しである。しかも神に誓われた、そうして五箇条の御誓文を発して、それが基となって明治憲法ができたんで、民主主義というものは、決して輸入物ではない、ということを示す必要が大いにあったと思います。」と述べておられる（高橋紘編『陛下、お尋ね申し上げます』昭和六十三年、文春文庫）。

この「新日本建設に関する詔書」は、当時最高の統治権力を握っていたＧＨＱのダグラス・マッカーサー元帥（65歳）が「即日歓迎の意を表す声明を発表」しており、米国「ワシントン・イブニング・スター」紙は、一月二日に「この詔書は、マッカーサーによって企てられた〝上よりの革命〟

の著しい証拠」と報じている。

その上、まもなく総理大臣となった吉田茂氏（67歳）は、同年六月、「日本国憲法」案を集中的に審議する衆議院の本会議において、「日本の憲法は……五箇条の御誓文から出発したものと云ってよいもので……御誓文の精神、それが日本国の国体であり……日本国そのものであった」と意義づけている。

13　「五箇条の御誓文」英訳の試み

ところで、右の詔書案は、初めGHQのヘンダーソンにより起草され、学習院のブライスにより加筆された英文原案を、英語に堪能な幣原喜重郎首相（73歳）が、十二月二十五日、あらためて全面的に添削し、それを秘書官の福島慎太郎氏（38歳）に和訳させて、前田多門文相のもとに届けた。しかし、その草案を奏上したところ、天皇の御希望が示され「陛下の御趣旨に添う」ため、新たに「五箇条の原文そのものを冒頭に引用した」修正案が作られたのである。

従って、その間にGHQの諒解をえるため、「五箇条の御誓文」は英訳して持参されたにちがいない。その訳文は、まだ確認できていないが、この機会に英訳の例を探してみた。

すなわち、㋑まず新渡戸稲造の訳が"Lectures on Japan"にある（同全集第一五巻所収、教文館）。この本は一九三二（昭和七）年の米国の大学における連続講義記録を、没後にメアリー夫人が研究社より出版したもので、その中に「日本のマグナカルタ」と称して紹介されている。

㋺またGHQ編纂『日本占領史』第七巻「憲法改正」（日本図書センター、翻訳版も同社刊）には、第三章に「天皇の人間宣言」の英訳があり、そこに㋺と似た訳文「オランダ語訳を英訳にしたもの」も収載されている。

ついで、「礫川《こいしかわ》全次のコラム」というネット情報により知りえたことであるが、㋩外務省通訳養成所編の冊子『日米会話講座』（昭和二十一年刊。国立国会図書館など所蔵）は、第一講に元旦詔書の「英訳と謹解」を載せている。それによれば、「同書の実質的な著者は熊谷政喜と思われる」という（熊谷氏は代々木八幡ペテル教会牧師）。

なお、近年の英訳としては、㋥米国生まれの日本文学史研究者ドナルド・キーン氏著『明治天皇』（和文初版、平成十三年、新潮社）の英文本（初版、二〇〇二年、コロンビア大学）に“Emperors Oath in Five Articles”の紹介があり、「ここで誓われた言葉」のうち、特に第一条によって「日本は……立憲君主国家としての道を歩むことを宣言したのである」と評している。

また、㋭英国生まれの日本近代史研究者ジョン・ブリーン氏（現在京都の国際日本文化研究センター教授）の英訳が、ネット上に掲載されている。

さらに、㋬明後年（二〇二〇）創建百年を迎える明治神宮では、勅意も試訳を作成している。いずれの公認の定訳といえないが、参考までに一括してあげておこう。

㋑新渡戸稲造訳　*Lectures on Japan* 所収

1. Widely to hold assemblies in order to decide all measures by public opinion.

2. To unite the high and the low in order to develop economic policies.

3. To enable every one in all classes and professions, military or civil, down to the lowest ranks of people, to reach his aim, and to give him no cause for discontent.

4. To do away with mean usages and to follow the just ways of Heaven and Earth.

5. To seek knowledge throughout the world and uplift the foundations of the Empire.

㋺ GHQ 編纂『日本占領史』第７巻「憲法改正」所収

The Oath is as follows:

The practice of discussion and debate shall be universally adopted, and all measures shall be decided by public argument.

High and low shall be of one mind, and social order shall thereby be perfectly maintained.

It is necessary that the civil and military powers be concentrated in a single whole, the rights of all classes be assured, and the national mind be completely satisfied.

The uncivilized customs of former times shall be broken through, and the impartiality and justice displayed in the workings of nature be adopted as a basis of action.

Intellect and learning shall be sought for throughout the world, in order to establish the foundations of the Empire.

㋩『日米会話講座』（熊谷政喜訳）所収

一　広ク会議ヲ興シ万機公論ニ決スベシ
1. Deliverative assemblies shall be established on a broad basis and all measures of government decided in accordance with public opinion.

一　上下心ヲ一ニシテ盛ニ経綸ヲ行フベシ
2. All classes high and low, shall unite and vigorously carry on the affairs of State.

一　官武一途庶民ニ至ル迄各其志ヲ遂ゲ人心ヲシテ倦マザラシメン事ヲ要ス

3. All common people, as well as the civil and military officials, shall be allowed to fulfil their just desires, so that there may not be any discontent among them.

一　旧来ノ陋習ヲ破リ天地ノ公道ニ基クベシ
4. All past and present purposeless and useless customs discarded, the fundamental truth permeating the universe shall be the guide of all action.

一　智識ヲ世界ニ求メ大ニ皇基ヲ振起スベシ
5. Knowledge and learning shall be sought throughout the world and status of the Empire be ever higher and higher.

㈡ドナルド・キーン著『明治天皇』上巻所収

Emperor's Oath in Five Articles/Charter Oath in Five Articles

Deliberative assemblies shall be widely established and all matters decided by public discussion.

All classes, high and low, shall unite in vigorously carrying out the administration of affairs of state.

The common people, no less than the civil and military officials, shall each be allowed to pursue his own calling so that there may be no discontent.

Evil customs of the past shall be broken off and everything based on the just laws of nature.

Knowledge shall be sought throughout the world so as to strengthen the foundations of imperial rule.

㋭ジョン・ブリーン訳（ネット公開）

We shall determine all matters of state by public discussion, after assemblies have been convoked far and wide.

We shall unite the hearts and minds of people high and low, the better to pursue with vigor the rule of the realm.

We are duty bound to ensure that all people, nobility, military, and commoners too, may fulfill their aspirations and not yield to despair.

We shall break through the shackles of former evil practice and base our actions on the principles of international law.

We shall seek knowledge throughout the world and thus invigorate the foundations of this imperial nation.

㈬明治神宮の試訳

Charter Oath in Five Articles

Deliberative assemblies shall be widely established and all matters shall be decided by general discussion based on public spirit.

All people, regardless of their respective status in society, shall unite their hearts and minds, and vigorously carry out the affairs of state.

It shall be ensured that all people, officials, civilian or military as well as the general public, may accomplish their personal calling and not lose their spirit for life.

Out-dated and harmful practices shall be broken, and everything shall be based on universal principles.

The nation's core shall be vitalized by gathering knowledge from all over the world, while cherishing our beautiful culture and tradition centering the emperor.

As our country is facing a situation which imposes imminent and unprecedented changes, I myself, taking the initiative, pledge to all deities to firmly establish these policies, and I am determined to secure the path of further stability and development of the whole nation. Therefore, also the people, knowing the importance of the aim of this oath, should be encouraged to join their hearts and minds, and make their utmost effort.

14　平泉澄博士による宸翰の評価と活用

このように「五箇条の御誓文」自体は、戦後も昭和二十一年元日公表の詔書に「新日本の建設」を進める根本の国是として掲げられた。そのおかげで、今なお小中高用の社会科検定教科書などに載っていることが多い。

とはいえ、五箇条の国是に続く勅旨の部分まで引くものは、ほとんど見あたらない。まして御誓文と同時に出された明治天皇の御宸翰を採りあげた例は、専門の研究書でさえも極めて少い。それを慨嘆して講述されたのが、平泉澄《きよし》博士による「明治天皇の宸翰」（初出『日本』昭和四十八年二月号）である。

同氏（明治二十八年生まれ）は、日本中世史を専門としながら、近世近代史にも精通し、すでに昭和四年（一九二九）東大史学会編『明治維新史研究』（冨山房）に「日本史上より観たる明治維新」を書いている（のち田中卓編『平泉博士史論抄』平成十年、青々企画所収）。また戦後も、故徳富蘇峰氏の遺言を守り『近世日本国民史』全百巻の校訂出版（時事通信社刊）に尽力した。

さらに「明治百年」の昭和四十二年（一九六七）から「明治の源流」を『週刊時事』に連載（同四十五年、同上刊）、続いて「明治天皇の御好学」「明治天皇の聖徳」などを次々と執筆している（いずれも同五十五年、日本学協会編刊『明治の光輝』所収）。その一つがこの「明治天皇の宸翰」

にほかならない。

　この中で同氏が注目するのは、宸翰に「天下億兆、一人も其の所を得ざる時は、皆朕が罪なれば」と仰せられているところに「至って深い意味が籠められ、至って高い原理が示されてゐる」ことである。これは自由主義社会の「多数決」政治とも共産主義社会の「専断強制」政治とも異る「御歴代天皇の常に目指し給うた所」（勅旨にいう「万民保全の道」）と言いうると見られる。

　そこで、昭和十二年（一九三七）、現存の国会議事堂が新築された落成式の「祝辞」案文作成を、貴族院議長の近衛文麿氏（46歳）から頼まれた同氏（42歳）は、五箇条の御誓文と御宸翰を活用し、引用している。

　すなわち、御誓文の第一条にある「万機公論に決すべし」というのは、単なる多数決ではなく、御宸翰の終り近くにある「私見を去り公義を採り」ということによって、第二条にいう「上下心を一に」することも、第三条にいう「天下の人心を倦まざらしめ」ることもできる、という趣旨を祝辞の草案に盛り込んだ。すると、近衛議長が、この宸翰は「教育勅語と並べて、全国民の服膺すべきもの」と「深い感動」を示したという。

　これは確かに重要な指摘だと思われる。現代の議会政治でも一般社会でも「多数決」が「民主的」だと思い込まれている。しかし、多数派が常に正しいとは限らず、少数者への配慮を欠けば不満が残り対立を助長しかねない。それを克服するには「万民保全の道を立てん」とする理念と、「相互の信頼と敬愛によりて結ばれ」る（昭和二十一年元旦詔書）ような人間関係を保持するよう心がける必要があることを、明治天皇も昭和天皇も我々に教え示されたのだと思われる。

15　明治神宮における研究と顕彰事業

「五箇条の御誓文」と「宸翰」が出されてから数えて四十五年後（一九一二）の七月三十日（実は二十九日夜半）、明治天皇は満五十九歳九ヶ月（数え六十一歳）で崩御された。

その際に海外の新聞・雑誌などに特報された記事・評論を集成し翻訳したのは、望月小太郎編の『世界に於ける明治天皇』（上下巻で八八二頁。初版大正二年、英文通信社。のち昭和四十八年、原書房「明治百年史叢書」20・21、平成十三年、国書刊行会「明治神宮叢書」聖徳編4）である。

それを通読すると、わずか半世紀たらずで近代的な国家を形作るために率先垂範されたトップ・リーダーの明治天皇を、「大帝」（The Great Emperor）などと称して、高く評価したものが極めて多い。そのなかに「五箇条の御誓文」のもつ意義に注目したものも少なくない。

まして日本国内では、御在位中から年と共に敬仰の声望が高まり、崩御されるころから、それが殆ど絶賛になった。そこで、早くも大正二年の諒闇開けを待ちかねて、有名無名の民間人たちから、先帝陛下の天長節（十一月三日）を新たな国家の祝日にしてほしいとか、「明治聖帝」を祀る神社を創建されたいという要望・請願が、宮内省・政府・国会などに続々と提出されている。

このうち、前者については、明治天皇の崩御日（七月三十日）を宮中で大祭の「先帝祭」として斎行されることになった。しかしながら、その御誕生日を祝日とすることは、二万余の署名が集まり、衆議院・貴族院で議決されたけれども、大正年代には慎重な配慮から先送りされて、ようやく昭和二年（一九二七）、詔書により「明治節」と称する国家の祝日に定められ、いわゆる四大節が揃うに至ったのである。

それに対して後者は、すでに明治天皇崩御の直後から、東京商議所会頭の渋沢栄一と東京市長の阪谷芳郎ら有志の発案により「明治神宮」造営の準備が始められた。やがて大正四年（一九一五）、天皇の裁可を賜り、内苑は内務省で造営工事を始めた。また、外苑は民間有志で奉賛会を作り全国からの献金や青年団の勤労奉仕などによって造成され、同九年（一九二〇）十一月、「官幣大社明治神宮」の鎮座祭を迎えている。

この明治神宮では、早くから様々の事業を展開してきた。たとえば、学術面の支援では、すでに大正元年（一九一二）十一月三日、神道学者の加藤玄智博士を中心に発足した「明治聖徳記念学会」で研究紀要を刊行してきた。それが同博士の没後二十三年を経て（昭和六十三年）再発足し、神宮内に事務局を置き今日に至っている。

ただ、その紀要目次を通覧しても、なぜか「五箇条の御誓文」を直接テーマ（題名）にした論考は、大正にも昭和にも見あたらず、平成に入ってからでも次の二篇が掲載されているにすぎない。

〔論文〕平川祐弘氏「『五箇条の御誓文』から『教育勅語』へ――明治の開国と昭和の開国――」（復刊紀要四八号、平成二十三年十一月）

〔史料紹介〕所　功「『御誓文大意』と『御宸翰大意』」（復刊紀要二号、平成二十九年十一月）

もっとも、平成二十年（二〇〇八）に創立された明治神宮国際神道文化研究所では、研究紀要『神園』創刊号（同年十月）に「特集　五箇条の御誓文百四十年・戊申詔書百年」を組み、次のような論考を載せている。

（イ）阪本是丸氏「五箇条の御誓文より戊申詔書へ」

（ロ）鳥海靖氏「五箇条の御誓文と立憲政治の形成」

（ハ）藤原暹氏「五箇条の御誓文の思想的意義」

（ニ）所　功「五箇条の御誓文と明治の改元」（↓『近代大礼関係の基本史料集成』収録）

さらに、明治神宮自身で立案し実施された研究成果が出版されている。その一つが、明治神宮編の大著『明治天皇詔勅謹解』（昭和四十八年、講談社）であり、いま一つが普及版『明治天皇のみことのり』（同五十年、日本教文社）である。このうち前著には、藤井貞文氏（國學院大学教授）の執筆された「五箇条の御誓文」に関する懇切な解説が収められており、また後著は、村尾次郎氏（文部省主任教科書調査官）の単著で、共に判り易くて参考になる。

なお、平成二十年（二〇〇八）春には、「明治維新百四十年記念」として明治神宮宝物殿で京都の霊山歴史館との共催により「明治天皇と五箇条の御誓文」と題する特別展が開催された。その際、御誓文に関係の深い横井小楠・坂本龍馬・由利公正・福岡孝弟・木戸孝允・三条実美などの写真や直筆・遺品などが展示されている。

あとがき――新たな読み解き方

以上、「五箇条の御誓文」に関する重要な史資料を集成し、その成立と普及について概要の解説を試みたが、決して十分ではないことを自覚している。もし重要な史資料があれば、ぜひご示教賜りたく、また解説の不備などに気付かれたら、ご批正を頂きたい。

最後に紹介しておきたい好著がある。それは今年（二〇一八）二月刊行された片山杜秀氏（慶応大学法学部教授）著『「五箇条の誓文」で解く日本史』（NHK出版新書）である。同氏とは一度も面識がなく、世代（昭和三十八年生まれ）も専門（近代政治思想史）も異るが、論旨の大筋には共鳴し学ぶことが多い。

たとえば、序章（四〜五頁）に次のような卓見が示されている。

（イ）明治維新は、明治天皇の五箇条の誓文とともに始まり、戦後は昭和天皇による五箇条の誓文の引用で始まったといってもよい。

（ロ）明治一五〇年は……五箇条の誓文を宣した天皇をいただく国として貫かれ、一五〇年の中身は、五箇条の誓文の一条一条の、内容についての解釈の変化や達成度の相違によって、特徴づけられる……。

これは正に同感である。私の見聞してきた昭和三十年代以降の学界・論壇では、明治以来の近代と戦後の現代を分断し、あたかも君主専制の暗黒時代から民主全盛の光明時代へというようなイメージを植え付けがちであった。それが最近は徐々に見直されつつあり、むしろ近代を評価し現代を批判する論調も出ている。

片山氏は、それを乗り越えて、明治維新も戦後も「五箇条の誓文」から始まり、「明治一五〇年」は「天皇をいただく国」として一貫するが、その中身は五箇条の国是についての解釈により変化してきたから、一様でない特徴を有するという。そして、同氏は、「五箇条の誓文」を「天皇自らが、それからの日本をどうしたいかについての……一種の建国宣言」とみなし、五箇条の大意をおよそ次のように読み解いている（丸括弧は文意補足の私注）。

第一条は「民主主義（国民の政治参加）のすすめ」
第二条は「金儲けと経済成長（殖産興業）のすすめ」
第三条は「自由主義（国民・国家の向上）のすすめ」
第四条は「天皇中心（天皇を中核とする国づくり）宣言」
第五条は「学問＝和魂洋才（和魂による洋才の活用）のすすめ」

これがベースとなって、「明治一五〇年」（明治・大正・昭和戦前・昭和戦後・平成）の間に、どのような歴史が展開されてきたか、本文全五章で巧みに解かれている。

しかも、その終章では、今後への「応用」として、「今上天皇は……国民への共感共苦を表明しました。天皇中心に、あまり背伸びをせずに、国民がそこそこ食べてゆけるような福祉国家をつくり直す」ことを提示している。

ただ、歴史研究者の立場から、あえて希望を申せば、主題のキーワード「誓文」は「御誓文」と表記してほしい。実は現行の文部省検定済教科書も、ほとんど「五箇条の誓文」と書き合格しているので、やむをえないかもしれないが、この解説に引いた慶応四年＝明治元年閏四月の太政官布告「政体書」にも「御誓文を以て目的とし……万民保全の道、開成永続せん」と明記されている。また、戦後の昭和二十一年（一九四六）、元日公表された「新日本建設に関する詔書」（関係資料の七）を承けて、六月二十五日の衆議院本会議で、吉田茂首相は「日本国憲法」案の審議にあたり、「日本の憲法は……五箇条の御誓文から出発したものと云ってもよい……御誓文の精神、それが日本国の国体であります」と述べている。

しかも、片山氏は五箇条の国是を「明治天皇が明治維新に当たって立てた誓文」というに留まり、それが、若き天皇だけでなく「公卿・諸侯等皆（上級の公家と全国の藩主クラスなど計七百名以上）、聖旨を奉戴して、奉対誓約の書に署名し」したものであることには言及されていない。

思うに、この「御誓文」と「奉対書」が相呼応するような在り方こそ、官民あげて「天皇をいただく国」を作り、何とか独立と統一を全うしえてきた近代日本の根本的な要因（底力）ではないかと思われる。

ともあれ、視野の広い思想史家の片山杜秀教授が、「五箇条の御誓文」に注目して、このような読み解き方を示されたことに、大きな意味があろう。歴史は単なる時間の流れではなく、そこに何らかの理念があり、その実現・変容に様々な人々が関わることで特色ある展開をとげていく。

その明確な理念が一五〇年前に掲げられた「五箇条の御誓文」である。とすれば、それをどのように受けとめ活かすことができるか、平成の終り近い現在から新しい御代に問いかけられている。そんな折に、本書のような資料集成が僅かでも参考になれば、とひそかに念じてやまない。

末筆ながら、本書に収めた史資料の調査・複写・転載を許可し便宜を与えられた宮内庁の宮内公文書館三の丸尚蔵館、国立公文書館、東京大学史料編纂所、福井県立図書館、および明治神宮の宝物館・文化館・聖徳記念絵画館・明治聖徳記念学会・国際神道文化研究所、モラロジー研究所などの関係各位、また関係資料と解説用の手書き原稿を入力・校正し、人名索引を作成するのにも協力してくれられたモラロジー研究所研究助手後藤真生氏と金沢工業大学教授川田敬一氏（共に京都産業大学出身）、さらに本書の出版を引き受け、「明治百年史叢書」に加えられた原書房の成瀬雅人社長と、誠実に編集を担当された中村剛氏に、あわせて心から御礼を申し上げたい。

平成三十年（二〇一八）十二月十二日

小田原の揖川庵にて　所　功（喜寿）

参考文献（本書所収の諸書省略。主なものに限る。敬称略）

福岡孝弟名義資料「五箇条御誓文と政体書の由来に就いて」（国家学会編刊『明治憲政経済史論』所収。初版大正8年。のち原書房・明治百年史叢書、昭和51年。神川彦松による同資料の由来解説＝明治文化全集28別冊、日本評論社、昭和43年）
明治神宮奉賛会編『壁画画題資料』（初版昭和12年。のち明治神宮編『明治神宮叢書』資料編2、国書刊行会、平成15年）
井上孚麿『御誓文謹解』（国民精神文化研究所、昭和13年）
徳富蘇峰『近世日本国民史』66巻『皇政一新篇』（民友社、昭和16年。平泉澄校訂新装版、時事通信社、昭和44年）
稲田正次「五箇条の御誓文と政体書の発布」（『富士論叢』三号、昭和34年）
葦津珍彦『明治維新と現代日本』（神社本庁明治維新百年記念事業委員会、昭和42年）
荒川久壽男『維新の群像』（日本教文社、昭和45年）
藤井貞文「五箇条の御誓文」（明治神宮編『明治天皇詔勅謹解』所収。講談社、昭和48年）
村尾次郎『明治天皇のみことのり』（日本教文社、昭和50年）
田中彰『近代天皇制への道程』（吉川弘文館、昭和54年）
日本歴史学会編『明治維新人名辞典』（吉川弘文館、昭和56年）
大久保利謙「五箇条の誓文に関する一考察」（同歴史著作集1『明治維新の政治過程』所収。吉川弘文館、昭和61年）
後藤節正「五箇条の御誓文の受け止め方」（京都霊山顕彰会編刊『いま明治維新から何を学ぶか』所収。昭和63年）
坂本多加雄『明治国家の建設』（中央公論社・日本の近代2、平成11年）
ドナルド・キーン『明治天皇』上（新潮社、平成13年→新潮文庫、平成19年）
伊藤之雄『明治天皇』（ミネルヴァ書房・日本評伝選、平成18年）
松尾正人『木戸孝允』（吉川弘文館、幕末維新の個性8、平成19年）
猪飼隆明監修『五箇条の御誓文と由利公正』（福井県立図書館、平成19年）
明治神宮宝物殿編『明治天皇と五箇条の御誓文』（明治維新百四十年記念特別展冊子、平成20年）
平山洋『福沢諭吉』（ミネルヴァ書房・日本評伝選、平成20年）
西川誠『明治天皇の大日本帝国』（『天皇の歴史7』、講談社、平成23年）
田中卓「明治天皇の御誓文と宸翰を仰いで」（国書刊行会『続田中卓著作集』5所収、平成24年）

川田敬一『五箇条の御誓文を読む』（金沢工業大学日本学研究所教養叢書2、平成24年）
三宅紹宣「五箇条の誓文・宸翰と五榜の掲示」（『明治維新史研究』九号、平成25年）
宮地正人・桜井良樹・佐藤能丸編『明治時代史大辞典』三冊（吉川弘文館、平成26年）
宮内庁三の丸尚蔵館編刊『明治十二年明治天皇御下命「人物写真帖」』（第61回展覧会図録、平成27年）
刑部芳則『明治をつくった人びと』（吉川弘文館、平成29年）
松浦光修『明治維新という大業』（明成社、平成30年）
角鹿尚計『由利公正』（ミネルヴァ書房・日本評伝選、平成30年）
片山杜秀『五箇条の誓文で解く日本史』（ＮＨＫ出版新書、平成30年）

人名索引

本書の全文（まえがき〜参考文献）にみえる全ての氏名を採録した。

氏名を一般的な読み方で、ほぼ五十音順に配列した。

関係資料二と付の人名確認には、宮内庁三の丸尚蔵館編刊『明治十二年明治天皇御下命「人物写真帖」』の索引などを参照した。二の中には、氏だけで名のない人物も少なくないが、そのまま採録した。

関係資料三の人名確認には、所功編『近代大礼関係の基本史料集成』（国書刊行会）の索引も参照した。

索引の作成には、後藤真生氏の全面的な協力をえた。

〈編者紹介〉

所　功（ところ　いさお）

昭和十六年（一九四一）十二月十二日、岐阜県生まれ。同四十一年三月　名古屋大学大学院修士課程（国史学専攻）卒。同六十一年九月　法学博士（慶応大学・日本法制文化史）。

皇學館大学文学部助教授・文部省初等中等教育局教科書調査官（社会科日本史）などを経て、昭和五十六年（一九八一）四月から京都産業大学教授（教養部→法学部・日本文化研究所）。

平成二十四年（二〇一二）四月から京都産業大学名誉教授・モラロジー研究所教授（道徳科学研究センター研究主幹）・麗澤大学客員教授・皇學館大学特別招聘教授。

〈近著〉『象徴天皇〝高齢譲位〟の真相』（ベスト新書）　共著『元号―年号から読み解く日本史』（文春新書）『皇位継承の歴史と廣池千九郎』（モラロジー研究所ブックレット）　編著『皇室事典』（角川学芸出版）『日本年号史大事典』（雄山閣）『近代大礼関係の基本史料集成』（国書刊行会）など。

http://tokoroisao.jp/　e-mail: itokoro@moralogy.jp

〈明治百年史叢書〉

第469回／第473巻

「五箇条《ごかじょう》の御誓文《ごせいもん》」関係《かんけい》資料《しりょう》集成《しゅうせい》

●

2019年 1月15日 第 1 刷

編著者…………所《ところ》 功《いさお》

発行者…………成瀬雅人
発行所…………株式会社原書房

〒160-0022 東京都新宿区新宿 1-25-13
電話・代表 03（3354）0685
http://www.harashobo.co.jp
振替・00150-6-151594

印刷…………新灯印刷株式会社
製本…………誠製本株式会社

ISBN978-4-562-05629-3, Printed in Japan